T4-AHE-616

99 POEMAS DE AMOR

DeBOLS!LLO

Diseño de la portada: Departamento de diseño de Random
    House Mondadori
Ilustración de la portada: © Getty Images

Primera edición en U.S.A.: noviembre, 2004

Los créditos de los textos seleccionados van al final del libro

Printed in Spain – Impreso en España

ISBN: 0-30724-297-8

Distributed by Random House, Inc.

El idilio

Catulo (84 a.C-54 a.C)

Vivamos, Lesbia mía, y amemos;
los rumores severos de los viejos
que no valgan ni un duro todos juntos.
Se pone y sale el sol, mas a nosotros,
apenas se nos pone la luz breve,
sola noche sin fin dormir nos toca.
Pero dame mil besos, luego ciento,
después mil otra vez, de nuevo ciento,
luego otros mil aún, y luego ciento...
Después, cuando sumemos muchos miles,
confundamos la cuenta hasta perderla,
que hechizarnos no pueda el envidioso
al saber el total de nuestros besos.

William Shakespeare (1564-1616)

Cuando se cierran más, mejor mis ojos ven:
pues todo el día cosas fútiles ojean,
mas cuando duermo, en sueños te miran, mi bien,
y oscuramente claros, en la sombra otean.

Oh tú pues, cuya sombra las sombras alumbra,
¡qué feliz de tu sombra la forma informara
al claro día con tu luz mucho más clara,
cuando a ojos que no ven tu sombra así deslumbra!

¡Cuál –digo– de mis ojos fuera la ventura
al mirarte del día entre los vivos fuegos,
cuando en la muerta noche tu sombra insegura
se graba entre el pesado sueño en ojos ciegos!

Noche es el día hasta que verte no consigo;
día las noches que soñando estoy contigo.

Juan de Tassis, conde de Villamediana (1582-1622)

El que fuere dichoso será amado,
y yo en amor no quiero ser dichoso,
teniendo mi desvelo generoso
a dicha ser por vos tan desdichado.

Sólo es servir, servir sin ser premiado;
cerca está de grosero el venturoso;
seguir el bien a todos es forzoso:
yo solo sigo el bien sin ser forzado.

No he menester ventura para amaros;
amo de vos lo que de vos entiendo,
no lo que espero, porque nada espero;

llévame el conoceros a adoraros;
servir más, por servir, sólo pretendo:
de vos no quiero más que lo que os quiero.

YO SOY AQUEL A QUIEN ATORMENTA

Walt Whitman (1819-1892)

Yo soy aquel a quien atormenta el deseo amoroso;
¿No gravita la tierra?, ¿no atrae la materia,
   atormentada, a la materia?
Así mi cuerpo atrae a los cuerpos de todos aquellos a
quienes encuentro o conozco.

A UNA DAMA CRIOLLA

Charles Baudelaire (1821-1867)

En la tierra olorosa que el sol siempre acaricia
conocí bajo un palio de purpúreos árboles
y palmeras, que llueven la pereza en los ojos,
a una dama criolla de ignorados encantos.

La tez pálida, ardiente; la hechicera morena
mueve el cuello de un modo noblemente afectado;
anda esbelta con aires que parecen de caza,
su sonrisa es tranquila, su mirada muy firme.

Si pisarais, señora, el país de la gloria,
las orillas del Sena o del Loira tan verdes,
beldad digna de ornar las antiguas mansiones,

ante vos, al amparo de refugios umbrosos,
mil sonetos haríais germinar en poetas,
a estos ojos sumisos más aún que los negros.

Emily Dickinson (1830-1886)

Que yo siempre amé
yo te traigo la prueba
que hasta que amé
yo nunca viví – bastante –

que yo amaré siempre –
te lo discutiré
que amor es vida –
y vida inmortalidad –

esto – si lo dudas – querido –
entonces yo no tengo
nada que mostrar
salvo el calvario –

RONDELES

Stéphane Mallarmé (1842-1898)

I

Nada al despertar que no hayas
con mohín examinado
peor si risas sacuden
tu ala sobre la almohada

dormitas indiferente
sin temer diga un aliento
nada al despertar que no hayas
con mohín examinado

todo sueño deslumbrado
cuando esta beldad los frustra
no da flor en las mejillas
ni diamantes en los ojos
nada al despertar que no hayas.

II

Si quieres nos amaremos
sin decirlo con tus labios
no interrumpas esta rosa
sino al verter mal silencio

nunca cantos lanzan rápidos
el brillo de la sonrisa
si quieres nos amaremos
sin decirlo con tus labios

mudo mudo entre volutas
silfo en púrpura de imperio
un beso ardiendo se rasga
hasta el cabo del alero
si quieres nos amaremos.

Soñado con vistas al invierno

Arthur Rimbaud (1854-1891)

A... Ella

Cuando llegue el invierno nos iremos los dos
en un vagón color de rosa
con cojines azules. ¡Ya verás
qué bien! Reposa un nido
de besos locos en cada rincón blando.

Tú cerrarás los ojos para no ver las muecas,
a través del cristal, de las sombras nocturnas,
esas monstruosidades horribles, populacho
de lobos negros y demonios negros.

Luego tú sentirás tu mejilla arañada...
Un beso diminuto correrá por tu cuello
como una araña loca...

Y me dirás, bajando la mirada: «¡Búscala!».
Y nos llevará tiempo encontrar ese bicho
que viaja tantísimo...

CONTEMPLÉ TANTO

Konstantinos Kavafis (1863-1933)

Contemplé tanto la belleza,
que mi visión le pertenece.

Líneas del cuerpo. Labios rojos. Sensuales miembros.
Cabellos como copiados de estatuas griegas;
hermosos siempre, incluso despeinados,
y caídos apenas, sobre las blancas sienes.
Rostros del amor, tal como los deseaba
mi poesía... en mis noches juveniles,
en mis noches ocultas, encontradas...

Sonatina

Rubén Darío (1867-1916)

La princesa está triste... ¿qué tendrá la princesa?
Los suspiros se escapan de su boca de fresa,
que ha perdido la risa, que ha perdido el color.
La princesa está pálida en su silla de oro,
está mudo el teclado de su clave sonoro;
y en un vaso olvidada se desmaya una flor.

El jardín puebla el triunfo de los pavos-reales.
Parlanchina, la dueña dice cosas banales,
y, vestido de rojo, piruetea el bufón.
La princesa no ríe, la princesa no siente;
la princesa persigue por el cielo de Oriente
la libélula vaga de una vaga ilusión.

¿Piensa acaso en el príncipe de Golconda o de China,
o en el que ha detenido su carroza argentina
para ver de sus ojos la dulzura de luz?
¿O en el rey de las Islas de las Rosas fragantes,
o en el que es soberano de los claros diamantes,
o en el dueño orgulloso de las perlas de Ormuz?

¡Ay! La pobre princesa de la boca de rosa
quiere ser golondrina, quiere ser mariposa,

tener alas ligeras, bajo el cielo volar,
ir al sol por la escala luminosa de un rayo,
saludar a los lirios con los versos de mayo,
o perderse en el viento sobre el trueno del mar.

Ya no quiere el palacio, ni la rueca de plata,
ni el halcón encantado, ni el bufón escarlata,
ni los cisnes unánimes en el lago de azur.
Y están tristes las flores por la flor de la corte;
los jazmines de Oriente, los nelumbos del Norte,
de Occidente las dalias y las rosas del Sur.

¡Pobrecita princesa de los ojos azules!
Está presa en sus oros, está presa en sus tules,
en la jaula de mármol del palacio real,
el palacio soberbio que vigilan los guardas,
que custodian cien negros con sus cien alabardas,
un lebrel que no duerme y un dragón colosal.

¡Oh quién fuera hipsipila que dejó la crisálida!
(La princesa está triste. La princesa está pálida)
¡Oh visión adorada de oro, rosa y marfil!
¡Quién volara a la tierra donde un príncipe existe
(La princesa está pálida. La princesa está triste)
más brillante que el alba, más hermoso que abril!

–¡Calla, calla, princesa –dice el hada madrina–,
en caballo con alas, hacia acá se encamina,
en el cinto la espada y en la mano el azor,
el feliz caballero que te adora sin verte,
y que llega de lejos, vencedor de la Muerte,
a encenderte los labios con su beso de amor!

Cinco poemas a Lou

Guillaume Apollinaire (1880-1918)

Llegó el invierno y ya he vuelto a ver los brotes
En las higueras los cercados Amor nosotros vamos
Hacia la paz esta primavera de guerra en la que estamos
Estamos bien Aquí escucha el grito de los hombres
Un marino japonés se rasca el ojo izquierdo con el
    pulgar del pie derecho
Por el camino del exilio vienen los hijos de reyes
Mi corazón gira alrededor de ti como un *kolo* donde
    bailan jóvenes soldados serbios junto a una virgen
    dormida
El infante rubio da caza a sus ladillas bajo la lluvia
Un belga que se ha internado en los Países Bajos lee un
    periódico en el que hablan de mí
En el dique una reina observa espantada el campo de
    batalla
El enfermero cierra los ojos ante la horrible herida
El campanero ve caer el campanario como una pera
    madura
El capitán inglés cuyo barco naufraga fuma su última
    pipa de opio
Los hombres gritan Grito cara a la primavera de paz
    que va a venir
        Escucha el grito de los hombres

Pero yo grito cara a ti mi Lou eres mi paz mi primavera
Tú eres mi querida Lou la dicha que yo aguardo
Por ella nuestra dicha me preparo para la muerte
Por ella nuestra dicha sigo confiando en la vida
Por ella nuestra dicha luchan los ejércitos
Apuntamos utilizando un espejo sobre la infantería
   diezmada
Los obuses pasan como estrellas fugaces
Los prisioneros van en tropas dolientes
Y mi corazón tan sólo late por ti querida
Mi amor mi Lou mi arte y mi artillería

Pedro Salinas (1881-1951)

Para vivir no quiero
islas, palacios, torres.
¡Qué alegría más alta:
vivir en los pronombres!

Quítate ya los trajes,
las señas, los retratos;
yo no te quiero así,
disfrazada de otra,
hija siempre de algo.
Te quiero pura, libre,
irreductible: tú.
Sé que cuando te llame
entre todas las gentes
del mundo
sólo tú serás tú.
Y cuando me preguntes
quién es el que te llama,
el que te quiere suya,
enterraré los nombres,
los rótulos, la historia.
Iré rompiendo todo
lo que encima me echaron

desde antes de nacer.
Y vuelto ya al anónimo
eterno del desnudo,
de la piedra, del mundo,
te diré:
«Yo te quiero, soy yo».

Fernando Pessoa (1888-1935)

Ven a sentarte conmigo, Lidia, a la orilla del río.
Con sosiego miremos su curso y aprendamos
que la vida pasa, y no estamos cogidos de la mano.
      (Enlacemos las manos.)

Pensemos después, niños adultos, que la vida
pasa y no se queda, nada deja y nunca regresa,
va hacia el mar muy lejano, hacia el pie del Hado,
      más lejos que los dioses.

Desenlacemos las manos, que no vale la pena
    cansarnos.
Ya gocemos, ya no gocemos, pasamos como el río.
Más vale que sepamos pasar silenciosamente
      y sin grandes desasosiegos.

Sin amores, ni odios, ni pasiones que levanten la voz,
ni envidias que hagan a los ojos moverse demasiado,
ni cuidados, porque si los tuviese el río también
    correría,
      y siempre acabaría en el mar.

Amémonos tranquilamente, pensando que podríamos,
si quisiésemos, cambiar besos y abrazos y caricias,
mas que más vale estar sentados el uno junto al otro
            oyendo correr al río y viéndolo.

Cojamos flores, cógelas tú y déjalas
en tu regazo, y que su perfume suavice el momento—
este momento en que sosegadamente no creemos
   en nada,
           paganos inocentes de la decadencia.

Por lo menos, si yo fuera sombra antes, te acordarás
   de mí
sin que mi recuerdo te queme o te hiera
   o te mueva,
porque nunca enlazamos las manos, ni nos besamos
           ni fuimos más que niños.

Y si antes que llevases el óbolo al barquero sombrío,
nada habré de sufrir cuando de ti me acuerde,
a mi memoria has de ser suave recordándote así –a la
   orilla del río,
           pagana triste y con flores en el regazo.

Mi Lumía

Oliverio Girondo (1891-1967)

MI LU
mi lubidulia
mi golocidalove
mi lu tan luz tan tu que me enlucielabisma
y descentratelura
y venusafrodea
y me nirvana el suyo la crucis los desalmes
con sus melimeleos
sus erpsiquisedas sus decúbitos lianas y dermiferios
    limbos y gormullos
mi lu
mi luar
mi mito
demonoave dea rosa
mi pez hada
mi luvisita nimia
mi lubísnea
mi lu más lar
más lampo
mi pulpa lu de vértigo de galaxias de semen de misterio
mi lubella lusola
mi total lu plevida
mi toda lu
lumía

Amor a una mañana

Jorge Guillén (1893-1984)

Mañana, mañana clara:
¡Si fuese yo quien te amara!

Paso a paso en tu ribera,
Yo seré quien más te quiera.

Hacia toda tu hermosura
Mi palabra se apresura.

Henos sobre nuestra senda.
Déjame que yo te entienda.

¡Hermosura delicada
Junto al filo de la nada!

Huele a mundo verdadero
La flor azul del romero.

¿De tal lejanía es dueña
La malva sobre la peña?

Vibra sin cesar el grillo,
A su paciencia me humillo.

¡Cuánto gozo a la flor deja
Preciosamente la abeja!

Y se zambulle, se obstina
La abeja. ¡Calor de mina!

El grillo ahora acelera
Su canto. ¿Más primavera?

Se pierde quien se lo pierde.
¡Qué mío el campo tan verde!

Cielo insondable a la vista:
Amor es quien te conquista.

¿No merezco tal mañana?
Mi corazón se la gana.

Claridad, potencia suma:
Mi alma en ti se consuma.

EL POETA PIDE A SU AMOR QUE LE ESCRIBA

Federico García Lorca (1898-1936)

Amor de mis entrañas, viva muerte,
en vano espero tu palabra escrita
y pienso, con la flor que se marchita,
que si vivo sin mí quiero perderte.

El aire es inmortal. La piedra inerte
ni conoce la sombra ni la evita.
Corazón interior no necesita
la miel helada que la luna vierte.

Pero yo te sufrí. Rasgué mis venas,
tigre y paloma, sobre tu cintura
en duelo de mordiscos y azucenas.

Llena, pues, de palabras mi locura
o déjame vivir en mi serena
noche del alma para siempre oscura.

UNIDAD EN ELLA

Vicente Aleixandre (1898-1984)

Cuerpo feliz que fluye entre mis manos,
rostro amado donde contemplo el mundo,
donde graciosos pájaros se copian fugitivos,
volando a la región donde nada se olvida.

Tu forma externa, diamante o rubí duro,
brillo de un sol que entre mis manos deslumbra,
cráter que me convoca con su música íntima,
con esa indescifrable llamada de tus dientes.

Muero porque me arrojo, porque quiero morir,
porque quiero vivir en el fuego, porque este aire
    de fuera
no es mío, sino el caliente aliento
que si me acerco quema y dora mis labios desde
    un fondo.

Deja, deja que mire, teñido del amor,
enrojecido el rostro por tu purpúrea vida,
deja que mire el hondo clamor de tus entrañas
donde muero y renuncio a vivir para siempre.

Quiero amor o la muerte, quiero morir del todo,
quiero ser tú, tu sangre, esa lava rugiente
que regando encerrada bellos miembros extremos
siente así los hermosos límites de la vida.

Este beso en tus labios como una lenta espina,
como un mar que voló hecho un espejo,
como el brillo de un ala,
es todavía unas manos, un repasar de tu crujiente
    pelo,
un crepitar de la luz vengadora,
luz o espada mortal que sobre mi cuello amenaza,
pero que nunca podrá destruir la unidad de este
    mundo.

EL ENAMORADO

Jorge Luis Borges (1899-1986)

Lunas, marfiles, instrumentos, rosas,
Lámparas y la línea de Durero,
Las nueve cifras y el cambiante cero,
Debo fingir que existen esas cosas.
Debo fingir que en el pasado fueron
Persépolis y Roma y que una arena
Sutil midió la suerte de la almena
Que los siglos de hierro deshicieron.
Debo fingir las armas y la pira
De la epopeya y los pasados mares
Que roen de la tierra los pilares.
Debo fingir que hay otros. Es mentira.
Sólo tú eres. Tú, mi desventura
Y mi ventura, inagotable y pura.

TÚ ME QUIERES BLANCA

Alfonsina Storni (1902-1938)

Tú me quieres alba,
me quieres de espumas,
me quieres de nácar.
Que sea azucena
sobre todas, casta.
De perfume tenue.
Corola cerrada.

Ni un rayo de luna
filtrado me haya.
Ni una margarita
se diga mi hermana.
Tú me quieres nívea,
tú me quieres blanca,
tú me quieres alba.

Tú que hubiste todas
las copas a mano,
de frutos y mieles
los labios morados.
Tú que en el banquete
cubierto de pámpanos
dejaste las carnes

festejando a Baco.
Tú que en los jardines
negros del Engaño
vestido de rojo
corriste al Estrago.
Tú que el esqueleto
conservas intacto
no sé todavía
por cuáles milagros,
me pretendes blanca
(Dios te lo perdone),
me pretendes casta
(Dios te lo perdona),
¡me pretendes alba!

Huye hacia los bosques;
vete a la montaña;
límpiate la boca;
vive en las cabañas;
toca con las manos
la tierra mojada;
alimenta el cuerpo
con raíz amarga;
bebe las rocas;
duerme sobre escarcha;
renueva tejidos
con salitre y agua;

habla con los pájaros
y lévate al alba.
Y cuando las carnes
te sean tornadas,
y cuando hayas puesto
en ellas el alma
que por las alcobas
se quedó enredada,
entonces, buen hombre,
preténdeme blanca,
preténdeme nívea,
preténdeme casta.

Soneto

Rafael Alberti (1902-1999)

Te digo adiós, amor, y no estoy triste.
Gracias, mi amor, por lo que ya me has dado,
un solo beso lento y prolongado
que se truncó en dolor cuando partiste.

No supiste entender, no comprendiste
que era un amor final, desesperado,
ni intentaste arrancarme de tu lado
cuando con duro corazón me heriste.

Lloré tanto aquel día que no quiero
pensar que el mismo sufrimiento espero
cada vez que en tu vida reaparece

ese amor que al negarlo te ilumina.
Tu luz es él cuando mi luz decrece,
tu solo amor cuando mi amor declina.

Amor

Pablo Neruda (1904-1973)

Mujer, yo hubiera sido tu hijo, por beberte
la leche de los senos como un manantial,
por mirarte y sentirte a mi lado y tenerte
en la risa de oro y la voz de cristal.
Por sentirte en mis venas como Dios en los ríos
y adorarte en los tristes huesos de polvo y cal,
porque tu ser pasara sin pena al lado mío
y saliera en la estrofa –limpio de todo mal–.

Cómo sabría amarte, mujer, cómo sabría
amarte, amarte como nadie supo jamás!
Morir y todavía
amarte más.
Y todavía
amarte más
        y más.

GARABATO

Octavio Paz (1914-1998)

Con un trozo de carbón
con mi gis roto y mi lápiz rojo
dibujar tu nombre
el nombre de tu boca
el signo de tus piernas
en la pared de nadie
En la puerta prohibida
grabar el nombre de tu cuerpo
hasta que la hoja de mi navaja
sangre
      y la piedra grite
y el muro respire como un pecho

EN LA BRISA, UN MOMENTO

Olga Orozco (1920-1999)

A Valerio

Que pueda el camino subir hasta alcanzarte.
Que pueda el viento soplar siempre a tu espalda.
Que pueda el sol brillar cálidamente sobre tu rostro
y las lluvias caer con dulzura sobre tus campos,
y hasta que volvamos a encontrarnos
que Dios te sostenga en la palma de su mano.

ROSA

Jack Kerouac (1922-1969)

«Ah Rosa», exclamé,
«Brilla en la Noche
Fosforescente.»

ADVENIAT TUUM REGNUM

Luis Antonio de Villena (1951-)

Hace mucho que espero.
Tal vez desde aquel día
busqué (sin bien saber)
tu cuerpo verdadero.
Me extravié después
por senda que aún recuerdo.
Vasos, juventud, rosas...
Mas buscaba tu cuerpo.
Y pronto me di cuenta
que era pobre el sendero.
Inmensa la belleza,
pero ángeles sin vuelo.
Te estoy aguardando ya,
bien consciente y muy cierto.
Noto en mí viento estéril
donde el jardín primero.
Ven, yo sé bien cómo eres,
sé la flor de tu sexo;
pero además conozco
mi sed y tus secretos:
Lo que la mano habla
y los labios de fuego.
Y la amistad profunda,

la pasión de irse viendo.
No me importa qué seas,
tu vida ayer o luego.
Sé que en ti será el mundo
como un día perfecto.
Ven, seco estoy de buscarte.
Sácame del invierno.
Tu rostro de dios joven
es luz en mi desierto.
Mira cómo te espero.
Venga pronto ese día
en que encuentre (y conozca)
tu cuerpo verdadero.

La pasión

Nunca jamás de amaros he cansado
ni menos cansaré mientras viviere;
mas de ansí me aburrir muy bien se infiere
que ya de lamentar voy fatigado.

Y antes quiero un sepulcro señalado
de solo vuestro nombre, por si fuere
alguno a verme, entienda, si os leyere,
la causa de mi fin anticipado.

Mas si el qu'en fe y amor es un abismo
servir puede, ¿a qué fin queréis matarle?
Mejor será mostrárosle algo pía.

Y si vuestro desdén piensa acabarle
por ese modo erráis cierta la vía,
de que al amor doy gracias a mí mismo.

Juan Boscán (1493-1542)

Nunca de amor estuve tan contento,
que en su loor mis versos ocupase:
ni a nadie consejé que se engañase
buscando en el amor contentamiento.

Esto siempre juzgó mi entendimiento,
que deste mal todo hombre se guardase;
y así porque esta ley se conservase,
holgué de ser a todos escarmiento.

¡Oh! vosotros que andáis tras mis escritos,
gustando de leer tormentos tristes,
según que por amar son infinitos;

mis versos son deciros: «¡Oh! benditos
los que de Dios tan gran merced hubistes,
que del poder de amor fuésedes quitos».

Luis de Góngora (1561-1627)

Mientras por competir con tu cabello,
oro bruñido al sol relumbra en vano;
mientras con menosprecio en medio el llano
mira tu blanca frente el lilio bello;

mientras a cada labio, por cogello,
siguen más ojos que al clavel temprano,
y mientras triunfa con desdén lozano
del luciente cristal tu gentil cuello,

goza cuello, cabello, labio y frente,
antes que lo que fue en tu edad dorada
oro, lilio, clavel, cristal luciente,

no sólo en plata o viola troncada
se vuelva, mas tú y ello juntamente
en tierra, en humo, en polvo, en sombra, en nada.

William Shakespeare (1564-1616)

Siendo tu esclavo, ¿qué he de hacer sino atender
a las horas de tu deseo y tus demandas?:
ningún precioso tiempo tengo que perder
ni hacer otros recados que los que me mandas.

Ni oso reñirle a la hora inmensamente larga
en que el reloj por ti, mi soberano, miro,
ni llamar la amargura de la ausencia amarga
cuando envías a tu criado de retiro.

Ni aun oso ya indagar con mi razón celosa
dónde andarás ni en qué negocios o solaces,
sino aquí, triste siervo, estar sin pensar cosa
salvo que, donde estés, ¡cuán felices los haces!

Tal loco está hecho amor que nunca en tu cabeza,
hagas tú lo que hagas, pensará él vileza.

Eros, Amor

J. W. Goethe (1749-1832)

¡La llama no falta!... Cae del cielo
adonde fue desde el caos remoto,
con plumas etéreas hacia nosotros
Amor en un día primaveral.
Parece huir, pero vuelve del vuelo:
placer y dolor, dulzura y apuro.
Almas se esfuman en lo general,
las más nobles se concentran en lo uno.

Emily Dickinson (1830-1886)

Él era débil, y yo era fuerte – después –
él dejó que yo lo hiciera pasar –
yo era débil, y él era fuerte entonces –
yo lo dejé que me guiara a mí – a casa.

No era lejos – la puerta estaba cerca –
no estaba oscuro – él avanzaba – también –
no había ruido, él no dijo nada –
eso era lo que yo más deseaba saber.
El día irrumpió – tuvimos que separarnos –
ninguno – era más fuerte – ahora –
él luchó – yo luché – también –
¡No lo hicimos – a pesar de todo!

Gustavo Adolfo Becquer (1836-1870)

Sobre la falda tenía
el libro abierto;
en mi mejilla tocaban
sus rizos negros;
no veíamos las letras
ninguno, creo;
mas guardábamos ambos
hondo silencio.
¿Cuánto duró? Ni aun entonces
pude saberlo.
Sólo sé que no se oía
más que el aliento,
que apresurado escapaba
del labio seco.
Sólo sé que nos volvimos
los dos a un tiempo.
Y nuestros ojos se hallaron
y sonó un beso. [...]

SENSACIÓN

Arthur Rimbaud (1854-1891)

En las tardes azules del verano,
por los rastrojos picoteado,
iré por los senderos a pisar la menuda
hierba, y entre mis pies
sentiré, soñador, su frescura, dejando
que el viento bañe mi cabeza desnuda.

No diré nada, en nada pensaré:
el amor infinito me subirá hasta el alma
y me iré lejos, lejos, como un bohemio cualquiera
por la Naturaleza –tan contento
como con una hembra.

VUELVE

Konstantinos Kavafis (1863-1933)

Vuelve otra vez y tómame,
amada sensación retorna y tómame –
cuando la memoria del cuerpo se despierta,
y un antiguo deseo atraviesa la sangre;
cuando los labios y la piel recuerdan,
cuando las manos sienten que aún te tocan.

Vuelve otra vez y tómame en la noche,
cuando los labios y la piel recuerdan...

CARNE CELESTE...

Rubén Darío (1867-1916)

¡Carne, celeste carne de la mujer! Arcilla
–dijo Hugo–, ambrosía más bien, ¡oh maravilla!,
la vida se soporta,
tan doliente y tan corta,
solamente por eso:
¡roce, mordisco o beso
en ese pan divino
para el cual nuestra sangre es nuestro vino!
En ella está la lira,
en ella está la rosa,
en ella está la ciencia armoniosa,
en ella se respira
el perfume vital de toda cosa. [...]

Rainer Maria Rilke (1875-1926)

Soy yo, miedoso: ¿acaso no me escuchas
romper en ti con todos mis sentidos?
Mis sentimientos, que encontraron alas,
giran, blancos, en torno de tu rostro.
¿No ves mi alma qué densa está ante ti
en un traje de calma?
¿No madura mi rezo
de mayo en tu mirada como un árbol?

Si eres el soñador, yo soy tu sueño.
Y si despiertas, yo soy tu deseo
y me hago fuerte, en pleno señorío,
y redondo como un silencio de astros
sobre la ciudad mágica del tiempo.

OTRAS CANCIONES A GUIOMAR

Antonio Machado (1875-1939)

I

¡Sólo tu figura,
como una centella blanca,
en mi noche oscura!

¡Y en la tersa arena,
cerca de la mar,
tu carne rosa y morena,
súbitamente, Guiomar!

En el gris del muro,
cárcel y aposento,
y en un paisaje futuro
con sólo tu voz y el viento;

en el nácar frío
de tu zarcillo en mi boca,
Guiomar, y en el calofrío
de una amanecida loca;

asomada al malecón
que bate la mar de un sueño,

y bajo el arco del ceño
de mi vigilia, a traición,
¡siempre tú!
      Guiomar, Guiomar,
mírame en ti castigado;
reo de haberte creado,
ya no te puedo olvidar.

II

Todo amor es fantasía;
él inventa el año, el día,
la hora y su melodía;
inventa el amante y, más,
la amada. No prueba nada,
contra el amor, que la amada
no haya existido jamás.

III

Escribiré en tu abanico:
te quiero para olvidarte,
para quererte te olvido.

IV

Te abanicarás
con un madrigal que diga:
en amor el olvido pone la sal.

V

Te pintaré solitaria
en la urna imaginaria
de un daguerrotipo viejo
o en el fondo de un espejo,
viva y quieta,
olvidando a tu poeta.

VI

Y te enviaré mi canción:
«Se canta lo que se pierde»,
con un papagayo verde
que la diga en tu balcón.

VII

Que apenas si de amor el ascua humea
sabe el poeta que la voz engola
y, barato cantor, se pavonea
con su pesar o enluta su viola;
y que si amor da su destello, sola
la pura estrofa suena,
fuente de monte, anónima y serena.
Bajo el azul olvido, nada canta,
ni tu nombre ni el mío, el agua santa.
Sombra no tiene de su turbia escoria
limpio metal; el verso del poeta
lleva el ansia de amor que lo engendrara
como lleva el diamante sin memoria
—frío diamante— el fuego del planeta
trocado en luz, en una joya clara...

Pedro Salinas (1881-1951)

Los cielos son iguales.
Azules, grises, negros,
se repiten encima
del naranjo o la piedra:
nos acerca mirarlos.
Las estrellas suprimen,
de lejanas que son,
las distancias del mundo.
Si queremos juntarnos,
nunca mires delante:
todo lleno de abismos,
de fechas y de leguas.
Déjate bien flotar
sobre el mar o la hierba,
inmóvil, cara al cielo.
Te sentirás hundir
despacio, hacia lo alto,
en la vida del aire.
Y nos encontraremos
sobre las diferencias
invencibles, arenas,
rocas, años, ya solos,
nadadores celestes,
náufragos de los cielos.

Recogimiento

Juan Ramón Jiménez (1881-1958)

¡AMOR!...

De tanto caminar por los alcores
agrios de mi vivir cansado y lento,
mi desencadenado pie sangriento
no gusta ya de ir entre las flores.

¡Qué bien se casan estos campeadores:
el pie que vence y el entendimiento!
El recio corazón, ¡con qué contento
piensa en mayo, brotado de dolores!

Es ya el otoño, y el yermo y puro
sendero de mi vida sin fragancia,
la hoja seca me dora la cabeza...

¡Amor! ¡Amor! ¡Que abril se torna oscuro!
¡Que no cojo al verano su abundancia!
¡Que encuentro ya divina mi tristeza!

POEMA 12

Oliverio Girondo (1891-1967)

Se miran, se presienten, se desean,
se acarician, se besan, se desnudan,
se respiran, se acuestan, se olfatean,
se penetran, se chupan, se demudan,
se adormecen, se despiertan, se iluminan,
se codician, se palpan, se fascinan,
se mastican, se gustan, se babean,
se confunden, se acoplan, se disgregan,
se aletargan, fallecen, se reintegran,
se distienden, se enarcan, se menean,
se retuercen, se estiran, se caldean,
se estrangulan, se aprietan, se estremecen,
se tantean, se juntan, desfallecen,
se repelen, se enervan, se apetecen,
se acometen, se enlazan, se entrechocan,
se agazapan, se apresan, se dislocan,
se perforan, se incrustan, se acribillan,
se remachan, se injertan, se atornillan,
se desmayan, reviven, resplandecen,
se contemplan, se inflaman, se enloquecen,
se derriten, se sueldan, se calcinan,
se desgarran, se muerden, se asesinan,
resucitan, se buscan, se refriegan,
se rehuyen, se evaden, y se entregan.

TÚ ME MIRAS

Gerardo Diego (1896-1987)

Tú me miras, amor, al fin me miras
de frente, tú me miras y te entregas
y de tus ojos líricos trasiegas
tu inocencia a los míos. No retiras

tu onda y onda dulcísima, mentiras
que yo soñaba y son verdad, no juegas.
Me miras ya sin ver, mirando a ciegas
tu propio amor que en mi mirar respiras.

No ves mis ojos, no mi amor de fuente,
miras para no ver, miras cantando
cantas mirando, oh música del cielo.

Oh mi ciega del alma, incandescente,
mi melodía en que mi ser revelo.
Tú me miras, amor, me estás mirando.

LA CASADA INFIEL

Federico García Lorca (1898-1936)

A Lydia Cabrera y a su negrita

Y que yo me la llevé al río
creyendo que era mozuela,
pero tenía marido.

Fue la noche de Santiago
y casi por compromiso.
Se apagaron los faroles
y se encendieron los grillos.
En las últimas esquinas
toqué sus pechos dormidos,
y se me abrieron de pronto
como ramos de jacintos.
El almidón de su enagua
me sonaba en el oído,
como una pieza de seda
rasgada por diez cuchillos.
Sin luz de plata en sus copas
los árboles han crecido
y un horizonte de perros
ladra muy lejos del río.

*

Pasadas las zarzamoras,
los juncos y los espinos,
bajo su mata de pelo
hice un hoyo sobre el limo.
Yo me quité la corbata.
Ella se quitó el vestido.
Yo el cinturón con revólver.
Ella sus cuatro corpiños.
Ni nardos ni caracolas
tienen el cutis tan fino,
ni los cristales con luna
relumbran con ese brillo.
Sus muslos se me escapaban
como peces sorprendidos,
la mitad llenos de lumbre,
la mitad llenos de frío.
Aquella noche corrí
el mejor de los caminos,
montado en potra de nácar
sin bridas y sin estribos.
No quiero decir, por hombre,
las cosas que ella me dijo.
La luz del entendimiento
me hace ser muy comedido.
Sucia de besos y arena

yo me la llevé del río.
Con el aire se batían
las espadas de los lirios.

Me porté como quien soy.
Como un gitano legítimo.
Le regalé un costurero
grande, de raso pajizo,
y no quise enamorarme
porque teniendo marido
me dijo que era mozuela
cuando la llevaba al río.

TOTAL AMOR

Vicente Aleixandre (1898-1984)

No.
La cristalina luz que hiere el fuego,
que deshace la frente como un diamante al fin
    rendido,
como un cuerpo que se amontona de dicha,
que se deshace como un resplandor que nunca será
    frío.
La luz que amontona su cuerpo como el ansia que
    con nada se aplaca,
como el corazón combatiente que en el mismo filo
    aún ataca,
que pide no ser ya él ni su reflejo, sino el río feliz,
lo que transcurre sin la memoria azul,
camino de los mares que entre todos se funden
y son lo amado y lo que ama, y lo que goza y sufre.

Esa dicha creciente que consiste en extender los
    brazos,
en tocar los límites del mundo como orillas remotas
de donde nunca se retiran las aguas,
jugando con las arenas doradas como dedos
que rozan carne o seda, lo que estremeciéndose
    se alborota.

Gozar de las lejanas luces que crepitan
en los desnudos brazos,
como un remoto rumor de dientes jóvenes
que devoran la grama jubilosa del día,
lo naciente que enseña su rosada firmeza
donde las aguas mojan todo un cielo vivido.

Vivir allá en las faldas de las montañas
donde el mar se confunde con lo escarpado,
donde las laderas verdes tan pronto son el agua
como son la mejilla inmensa donde se reflejan los
    soles,
donde el mundo encuentra un eco entre su música,
espejo donde el más mínimo pájaro no se escapa,
donde se refleja la dicha de la perfecta creación
    que transcurre.
El amor como lo que rueda,
como el universo sereno,
como la mente excelsa,
el corazón conjugado, la sangre que circula,
el luminoso destello que en la noche crepita
y pasa por la lengua oscura, que ahora entiende.

DIRÉ CÓMO NACISTEIS

Luis Cernuda (1902-1963)

Diré cómo nacisteis, placeres prohibidos,
Como nace un deseo sobre torres de espanto,
Amenazadores barrotes, hiel descolorida,
Noche petrificada a fuerza de puños,
Ante todos, incluso el más rebelde,
Apto solamente en la vida sin muros.

Corazas infranqueables, lanzas o puñales,
Todo es bueno si deforma un cuerpo;
Tu deseo es beber esas hojas lascivas
O dormir en ese agua acariciadora.
No importa;
Ya declaran tu espíritu impuro.

No importa la pureza, los dones que un destino
Levantó hacia las aves con manos imperecederas;
No importa la juventud, sueño más que hombre,
La sonrisa tan noble, playa de seda bajo la
    tempestad
De un régimen caído.

Placeres prohibidos, planetas terrenales,
Miembros de mármol con sabor de estío,

Jugo de esponjas abandonadas por el mar,
Flores de hierro, resonantes como el pecho de un
    hombre.

Soledades altivas, coronas derribadas,
Libertades memorables, manto de juventudes;
Quien insulta esos frutos, tinieblas en la lengua,
Es vil como un rey, como sombra de rey
Arrastrándose a los pies de la tierra
Para conseguir un trozo de vida.

No sabía los límites impuestos,
Límites de metal o papel,
Ya que el azar le hizo abrir los ojos bajo una luz tan
    alta,
Adonde no llegan realidades vacías,
Leyes hediondas, códigos, ratas de paisajes derruidos.

Extender entonces la mano
Es hallar una montaña que prohíbe,
Un bosque impenetrable que niega,
Un mar que traga adolescentes rebeldes.

Pero si la ira, el ultraje, el oprobio y la muerte,
Ávidos dientes sin carne todavía,
Amenazan abriendo sus torrentes,
De otro lado vosotros, placeres prohibidos,

Bronce de orgullo, blasfemia que nada precipita,
Tendéis en una mano el misterio,
Sabor que ninguna amargura corrompe,
Cielos, cielos relampagueantes que aniquilan.

Abajo, estatuas anónimas,
Sombras de sombras, miseria, preceptos de niebla;
Una chispa de aquellos placeres
Brilla en la hora vengativa.
Su fulgor puede destruir vuestro mundo.

AMARANTA

Rafael Alberti (1902-1999)

> *... calzó de viento...*
> GÓNGORA

Rubios, pulidos senos de Amaranta,
por una lengua de lebrel limados.
Pórticos de limones desviados
por el canal que asciende a tu garganta.

Rojo, un puente de rizos se adelanta
e incendia tus marfiles ondulados.
Muerde, heridor, tus dientes desangrados,
y corvo, en vilo, al viento te levanta.

La soledad, dormida en la espesura,
calza su pie de céfiro y desciende
del olmo alto al mar de la llanura.

Su cuerpo en sombra, oscuro, se le enciende,
y gladiadora, como un ascua impura,
entre Amaranta y su amador se tiende.

Pablo Neruda (1904-1973)

Me gustas cuando callas porque estás como ausente,
y me oyes desde lejos, y mi voz no te toca.
Parece que los ojos se te hubieran volado
y parece que un beso te cerrara la boca.

Como todas las cosas están llenas de mi alma
emerges de las cosas, llena del alma mía.
Mariposa de sueño, te pareces a mi alma,
y te pareces a la palabra melancolía.

Me gustas cuando callas y estás como distante.
Y estás como quejándote, mariposa en arrullo.
Y me oyes desde lejos, y mi voz no te alcanza:
déjame que me calle con el silencio tuyo.

Déjame que te hable también con tu silencio
claro como una lámpara, simple como un anillo.
Eres como la noche, callada y constelada.
Tu silencio es de estrella, tan lejano y sencillo.

Me gustas cuando callas porque estás como ausente.
Distante y dolorosa como si hubieras muerto.
Una palabra entonces, una sonrisa bastan.
Y estoy alegre, alegre de que no sea cierto.

MIENTRAS PASEABA UNA TARDE

W. H. Auden (1907-1973)

Mientras paseaba una tarde,
   bajando por Bristol Street,
las multitudes en las aceras
   eran campos de trigo maduro.

Y junto al río crecido
   oí cantar a un enamorado
bajo la vía del tren:
   «El amor nunca se agota.

Yo siempre te voy a querer,
   hasta que China y África se junten,
y el río salte encima de la montaña
   y el salmón cante en la calle.

Te querré hasta que tiendan
   el océano para que se seque
y las siete estrellas graznen
   en el cielo como gansos.

Los años correrán como liebres
   porque en mis brazos llevo
la Flor de los Tiempos
   y el primer amor del mundo».

Pero los relojes de la ciudad
   empezaron a zumbar:
«No dejéis que el Tiempo os engañe,
   nunca lo vais a vencer.

»En las madrigueras de la Pesadilla
   donde la Justicia está desnuda,
el Tiempo vigila desde la sombra
   y tose cuando intentáis besaros.

»Con angustias y migrañas
   la vida se va escurriendo
y el Tiempo se sale con la suya
   mañana igual que hoy.

»En muchos valles verdes
   se amontona la nieve atroz,
el tiempo deshace los bailes
   y la pirueta del colimbo.

»Oh, meted las manos en agua,
   metedlas hasta las muñecas,
mirad en la pileta,
   y pensad qué habéis perdido.

»El glaciar llama desde el armario,
   el desierto gime en la cama,

y la grieta en la taza de té
    lleva a la tierra de los muertos.

»Allí el mendigo rifa billetes de banco
    y el Gigante hechiza a Pulgarcito,
y el pálido muchacho ruge de furia
    y Jill se tumba de espaldas.

»Oh, mirad en el espejo,
    mirad vuestra preocupación;
la vida sigue siendo una bendición
    aunque vosotros no sepáis bendecir.

»Oh, quedaos en la ventana
    mientras las lágrimas os queman,
amaréis a vuestro mezquino prójimo
    con vuestro corazón mezquino».

Ya se había hecho muy tarde,
    los enamorados se habían ido,
los relojes habían dejado de zumbar
    y el río profundo seguía fluyendo.

Trabajar cansa (1.º)

Cesare Pavese (1908-1950)

Los dos, tendidos sobre la hierba, vestidos, se miran
  a la cara
entre los tallos delgados: la mujer le muerde los
  cabellos
y después muerde la hierba. Entre la hierba, sonríe
  turbada.
Coge el hombre su mano delgada y la muerde
y se apoya en su cuerpo. Ella le echa, haciéndole dar
  tumbos.
La mitad de aquel prado queda, así, enmarañada.
La muchacha, sentada, se acicala el peinado
y no mira al compañero, tendido, con los ojos
  abiertos.

Los dos, ante una mesita, se miran a la cara
por la tarde y los transeúntes no cesan de pasar.
De vez en cuando, les distrae un color más alegre.
De vez en cuando, él piensa en el inútil día
de descanso, dilapidado en acosar a esa mujer
que es feliz al estar a su vera y mirarle a los
  ojos.
Si con su piel le toca la pierna, bien sabe
que mutuamente se envían miradas de sorpresa

y una sonrisa, y que la mujer es feliz. Otras mujeres
    que pasan
no le miran el rostro, pero esta noche por lo menos
se desnudarán con un hombre. O es que acaso las
    mujeres
sólo aman a quien malgasta su tiempo por nada.

Se han perseguido todo el día y la mujer tiene aún las
    mejillas
enrojecidas por el sol. En su corazón le guarda
    gratitud.
Ella recuerda un besazo rabioso intercambiado en un
    bosque,
interrumpido por un rumor de pasos, y que todavía
    le quema.
Estrecha consigo el verde ramillete –recogido de la
    roca
de una cueva– de hermoso adianto y envuelve al
    compañero
con una mirada embelesada. Él mira fijamente la
    maraña
de tallos negruzcos entre el verde tembloroso
y vuelve a asaltarle el deseo de otra maraña
–presentida en el regazo del vestido claro–
y la mujer no lo advierte. Ni siquiera la violencia
le sirve, porque la muchacha, que le ama, contiene
cada asalto con un beso y le coge las manos.

Pero esta noche, una vez la haya dejado, sabe dónde
   irá:
volverá a casa, atolondrado y derrengado,
pero saboreará por lo menos en el cuerpo saciado
la dulzura del sueño sobre el lecho desierto.
Solamente –y esta será su venganza– se imaginará
que aquel cuerpo de mujer que hará suyo
será, lujurioso y sin pudor alguno, el de ella.

DOS CUERPOS

Octavio Paz (1914-1998)

Dos cuerpos frente a frente
son a veces dos olas
y la noche es océano.

Dos cuerpos frente a frente
son a veces dos piedras
y la noche desierto.

Dos cuerpos frente a frente
son a veces raíces
en la noche enlazadas.

Dos cuerpos frente a frente
son a veces navajas
y la noche relámpago.

Dos cuerpos frente a frente
son dos astros que caen
en un cielo vacío.

REÍR

Gabriel Ferrater (1922-1972)

Tu beso en mi beso,
ágil amor, como el viejo
del mar que desespera
la llave confusa con que le oprimen
los brazos interrogantes.
Miel o tabaco, gin o sal,
áspero limón limpio,
o la última fruta interna
de carne, dentro del jardín cerrado
donde se entra sin renombre
(empresa furtiva:
delicia no quiere pregón).
¿Cuál es el sabor de tu beso?
 Y ahora, amor, este beso tuyo
(otra leyenda) se me muda
hasta la raíz de la naturaleza.
Tiembla, me olvida, el dulce
tacto se me escurre anhelante
y una risa, gozo inquieto,
brota profusa y rebrota
y agita sus ramas en mi boca:
fresca amargura de laurel,
verde rumor aéreo.

PALABRAS PARA JULIA

José Agustín Goytisolo (1928-1999)

Tú no puedes volver atrás
porque la vida ya te empuja
como un aullido interminable.

Hija mía es mejor vivir
con la alegría de los hombres
que llorar ante el muro ciego.

Te sentirás acorralada
te sentirás perdida o sola
tal vez querrás no haber nacido.

Yo sé muy bien que te dirán
que la vida no tiene objeto
que es un asunto desgraciado.

Entonces siempre acuérdate
de lo que un día yo escribí
pensando en ti como ahora pienso.

Un hombre solo una mujer
así tomados de uno en uno
son como polvo no son nada.

Pero yo cuando te hablo a ti
cuando te escribo estas palabras
pienso también en otra gente.

Tu destino está en los demás
tu futuro es tu propia vida
tu dignidad es la de todos.

Otros esperan que resistas
que les ayude tu alegría
tu canción entre sus canciones.

Entonces siempre acuérdate
de lo que un día yo escribí
pensando en ti como ahora pienso.

Nunca te entregues ni te apartes
junto al camino nunca digas
no puedo más y aquí me quedo.

La vida es bella tú verás
como a pesar de los pesares
tendrás amor tendrás amigos.

Por lo demás no hay elección
y este mundo tal como es
será todo tu patrimonio.

Perdóname no sé decirte
nada más pero tú comprende
que yo aún estoy en el camino.

Y siempre siempre acuérdate
de lo que un día yo escribí
pensando en ti como ahora pienso.

AMOR MÁS PODEROSO QUE LA VIDA

Jaime Gil de Biedma (1929-1990)

La misma calidad que el sol en tu país,
saliendo entre las nubes:
alegre y delicado matiz en unas hojas,
fulgor en un cristal, modulación
del apagado brillo de la lluvia.

La misma calidad que tu ciudad,
tu ciudad de cristal innumerable
idéntica y distinta, cambiada por el tiempo:
calles que desconozco y plaza antigua
de pájaros poblada,
la plaza en que una noche nos besamos.

La misma calidad que tu expresión,
al cabo de los años,
esta noche al mirarme:
la misma calidad que tu expresión
y la expresión herida de tus labios.

Amor que tiene calidad de vida,
amor sin exigencia de futuro,
presente del pasado,

amor más poderoso que la vida:
perdido y encontrado.
Encontrado, perdido...

LATITUD

José Ángel Valente (1929-2000)

No quiero más que estar sobre tu cuerpo
como lagarto al sol los días de tristeza.

Se disuelve en el aire el llanto roto,
el pie de las estatuas
recupera la hiedra
y tu mano me busca
por la piel de tu vientre
donde duermo extendido.

*

El pensamiento melancólico
se tiende, cuerpo, a tus orillas,
bajo el temblor del párpado, el delgado
fluir de las arterias,
la duración nocturna del latido,
la luminosa latitud del vientre,
a tu costado, cuerpo, a tus orillas,
como animal que vuelve a sus orígenes.

*

Cerqué, cercaste,
cercamos tu cuerpo, el mío, el tuyo.
como si fueran sólo un solo cuerpo.
Lo cercamos en la noche.

Alzóse al alba la voz
del hombre que rezaba.

Tierra ajena y más nuestra, allende, en lo lejano.

Oí la voz.
          Bajé sobre tu cuerpo.
Se abrió, almendra.
                 Bajé a lo alto
de ti, subí a lo hondo.

Oí la voz en el nacer
del sol, en el acercamiento
y en la inseparación, en el eje
del día y de la noche,
de ti y de mí.
              Quedé, fui tú.
                 Y tú quedaste
como eres tú, para siempre
encendida.

ACTO

Pere Gimferrer (1945-)

Monstruo de oro, trazo oscuro
sobre laca de luz nocturna:
dragón de azufre que embadurna
sábanas blancas en un puro
fulgor secreto de bengalas.
Ahora, violentamente, el grito
de dos cuerpos en cruz: el rito
del goce quemará las salas
del sentido. Torpor de brillos:
la piel –hangares encendidos–,
por la delicia devastada.
Fuego en los campos amarillos:
en cuerpos mucho tiempo unidos
la claridad grabó una espada.

VOLUPTUOSIDAD EN UN MADRIGAL

Luis Antonio de Villena (1951-)

Te miro muy despacio.
Evocas en mí un raro
sortilegio. Una presencia extraña,
cosas de cuento de cruzados;
voluptuosidad que levanta
mis deseos. Me mueves por
dentro, con tus ojos grandes como
de almendra, entre el azul
y el verde; y el estirado
cuerpo de topacio, joven como
guepardo de sultán, airoso,
dúctil, delicia posible
del labio y de la mano,
maravilloso río que admite
deslizarse, tersura de edad
nueva. Prodigiosa deriva
que te llama. Te miro así,
despacio. Y me levantas
todos los deseos. Me llamas
al amor. Apetezco el ágil nudo
que se goza en la luz
de un cuerpo y otro cuerpo.
Me tensas en puro afán.

En gratuidad de deseos.
Y esto por tu sola belleza.
Por tu pureza en la entrega.
Por tu cuerpo bello, exento.
Aunque sé que tu tersa
piel, berilo prodigioso
por la sábana, fino cabello
negro, ano y sexo dispuesto,
ha adornado más de una vez,
la cama lujuriosa de los viejos.

La nostalgia

Safo (650 a.C.-580 a.C.)

Las Pléyades ya se esconden,
la luna también, y media
la noche, las horas pasan,
y voy a acostarme sola.

Li Po (701-762)

Cuando estabas, las flores llenaban la casa.
Al irte, dejaste el lecho vacío.
La manta bordada, doblada,
permanece intacta.
Tres años ya han transcurrido,
pero tu fragancia no se disipa.
Te añoro, y de los árboles caen hojas amarillas.
Lloro, y sobre el verde musgo brilla el rocío.

Francesco Petrarca (1304-1374)

Con tardos pasos solo voy midiendo
pensativo los campos más desiertos,
y los ojos contino llevo abiertos
por de humanos encuentros ir huyendo.

Que otro medio no veo ni aun entiendo
cómo pueda escapar de indicios ciertos,
porqu'en mis actos de alegría muertos
se lee fuera que voy por dentro ardiendo.

De tal modo que pienso, antes lo digo,
que no hay parte en el mundo que no tenga
de mi triste vivir noticia cierta;

y hora poblada sea, hora desierta
ninguna entiendo que hay donde no venga
de mis cosas tratando Amor conmigo.

Lope de Vega (1562-1635)

Desmayarse, atreverse, estar furioso,
áspero, tierno, liberal, esquivo,
alentado, mortal, difunto, vivo,
leal, traidor, cobarde y animoso;

no hallar fuera del bien centro y reposo,
mostrarse alegre, triste, humilde, altivo,
enojado, valiente, fugitivo,
satisfecho, ofendido, receloso;

huir el rostro al claro desengaño,
beber veneno por licor suave,
olvidar el provecho, amar el daño;

creer que un cielo en un infierno cabe,
dar la vida y el alma a un desengaño;
esto es amor: quien lo probó lo sabe.

CONTRAPOSICIONES Y TORMENTOS DE SU AMOR

Francisco de Quevedo (1580-1645)

Osar, temer, amar y aborrecerse,
alegre con la gloria, atormentarse;
de olvidar los trabajos olvidarse,
entre llamas arder sin encenderse;

con soledad entre las gentes verse
y de la soledad acompañarse;
morir continuamente, no acabarse,
perderse por hallar con qué perderse;

ser Fúcar de esperanzas sin ventura,
gastar todo el caudal en sufrimiento,
con cera conquistar la piedra dura,

son efectos de amor en mis tormentos;
nadie le llame dios, que es gran locura,
que más son de verdugo sus tormentos.

Que da medio para amar sin mucha pena

Sor Juana Inés de la Cruz (1651-1695)

Yo no puedo tenerte ni dejarte,
ni sé por qué, al dejarte o al tenerte,
se encuentra un no sé qué para quererte
y muchos sí sé qué para olvidarte.

Pues ni quieres dejarme ni enmendarte,
yo templaré mi corazón de suerte
que la mitad se incline a aborrecerte
aunque la otra mitad se incline a amarte.

Si ello es fuerza querernos, haya modo,
que es morir el estar siempre riñendo:
no se hable más en celo y en sospecha,

y quien da la mitad, no quiera el todo;
y cuando me la estás allá haciendo,
sabe que estoy haciendo la deshecha.

APARICIÓN

Stéphane Mallarmé (1842-1898)

La luna se afligía. Serafines en lágrimas
–en la calma soñando de flores vaporosas–
con el arco extraían de las violas murientes
sollozos deslizándose sobre azules corolas.
–Era el día bendito de tu beso primero.
Pero martirizarme a mi ensueño placía
embriagándose sabio con el triste perfume
que, aun sin nostalgia y sin pena, abandona
la cosecha de un Sueño al amor que lo siega.
Erraba, pues, mirando el viejo pavimento
y, en la calle, en la tarde, con sol en los cabellos
y toda sonriente, te me has aparecido,
y creí ver el hada de diáfano sombrero
que cruzaba mis sueños de chicuelo mimado,
dejando siempre, de sus manos entrecerradas,
blancos ramos nevar de estrellas perfumadas.

ALGÚN DÍA NOS AMAMOS
(Para una melodía de Diabelli)

Robert Louis Stevenson (1850-1894)

Por la espesura de bayas y las islas de juncos,
como a través de un mundo que sólo fuera cielo
—oh firmamento invertido—
la barca de nuestro amor se deslizaba.
Radiantes como el día eran tus ojos;
radiante la corriente fluía
y era radiante el alto cielo.
Días de abril, aires del Edén...
Cuando murió la gloria en el dorado crepúsculo,
brillante ascendió la luna,
y llenos de flores al hogar regresamos.
Radiantes fueron tus ojos esa noche:
habíamos vivido, oh amor...
Oh amor mío, habíamos amado.

Ahora el hielo aprisiona nuestro río,
con su blancura cubre la nieve nuestra isla,
y junto a la lumbre invernal
Joan y Darby dormitan y sueñan.
Sin embargo, en el sueño, fluye el río
y la barca del amor aún se desliza...
¡Escucha el sonido del remo al cortar sus aguas!

Y en las tardes de invierno
cuando la fantasía sueña en el crepitar de la
   chimenea,
en sus oídos de viejos enamorados
el río de su amor canta en los juncos.
¡Oh amor mío, ama el pasado!
Pues en él algún día fuimos felices
y algún día nos amamos.

CANCIÓN DE OTOÑO EN PRIMAVERA

Rubén Darío (1867-1916)

Juventud, divino tesoro,
¡ya te vas para no volver!
Cuando quiero llorar, no lloro...
y a veces lloro sin querer...

Plural ha sido la celeste
historia de mi corazón.
Era una dulce niña, en este
mundo de duelo y aflicción.

Miraba como el alba pura;
sonreía como una flor.
Era su cabellera oscura
hecha de noche y de dolor.

Yo era tímido como un niño.
Ella, naturalmente, fue,
para mi amor hecho de armiño,
Herodías y Salomé...

Juventud, divino tesoro,
¡ya te vas para no volver!

Cuando quiero llorar, no lloro...
y a veces lloro sin querer...

Y más consoladora y más
halagadora y expresiva,
la otra fue más sensitiva
cual no pensé encontrar jamás.

Pues a su continua ternura
una pasión violenta unía.
En un peplo de gasa pura
una bacante se envolvía...

En sus brazos tomó mi ensueño
y lo arrulló como a un bebé...
y le mató, triste y pequeño,
falto de luz, falto de fe...

Juventud, divino tesoro,
¡te fuiste para no volver!
Cuando quiero llorar, no lloro...
y a veces lloro sin querer...

Otra juzgó que era mi boca
el estuche de su pasión;
y que me roería, loca,
con sus dientes el corazón,

poniendo en un amor de exceso
la mira de su voluntad,
mientras eran abrazo y beso
síntesis de la eternidad;

y de nuestra carne ligera
imaginar siempre un Edén,
sin pensar que la Primavera
y la carne acaban también...

Juventud, divino tesoro,
¡ya te vas para no volver!
Cuando quiero llorar, no lloro...
y a veces lloro sin querer.

¡Y las demás! En tantos climas,
en tantas tierras siempre son,
si no pretextos de mis rimas
fantasmas de mi corazón.

En vano busqué a la princesa
que estaba triste de esperar.
La vida es dura. Amarga y pesa.
¡Ya no hay princesa que cantar!

Mas a pesar del tiempo terco,
mi sed de amor no tiene fin;

con el cabello gris, me acerco
a los rosales del jardín...

Juventud, divino tesoro,
¡ya te vas para no volver!
Cuando quiero llorar, no lloro...
y a veces lloro sin querer...

¡Mas es mía el Alba de oro!

GRATIA PLENA

Amado Nervo (1870-1919)

Todo en ella encantaba, todo en ella atraía;
su mirada, su gesto, su sonrisa, su andar...
El ingenio de Francia de su boca fluía.
Era *llena de gracia*, como el Avemaría;
¡quien la vio, no la pudo ya jamás olvidar!

Ingenua como el agua, diáfana como el día,
rubia y nevada como Margarita sin par,
al influjo de su alma celeste, amanecía...
Era *llena de gracia*, como el Avemaría;
¡quien la vio, no la pudo ya jamás olvidar!

Cierta dulce y amable dignidad la investía
de no sé qué prestigio lejano y singular.
Más que muchas princesas, princesa parecía:
era *llena de gracia*, como el Avemaría;
¡quien la vio, no la pudo ya jamás olvidar!

Yo gocé el privilegio de encontrarla en mi vía
dolorosa; por ella tuvo fin mi anhelar,
y cadencias arcanas halló mi poesía.
Era *llena de gracia*, como el Avemaría;
¡quien la vio, no la pudo ya jamás olvidar!

¡Cuánto, cuánto la quise! Por diez años fue mía,
¡pero flores tan bellas nunca pueden durar!
Era *llena de gracia*, como el Avemaría,
¡y a la fuente de gracia, de donde procedía,
se volvió... como gota que se vuelve a la mar!

Melancolía

Antonio Machado (1875-1939)

Tarde tranquila, casi
con placidez de alma,
para ser joven, para haberlo sido
cuando Dios quiso, para
tener algunas alegrías... lejos,
y poder dulcemente recordarlas.

Ojos que vi con lágrimas

T. S. Eliot (1888-1965)

Ojos que vi con lágrimas la última vez
a través de la separación
aquí en el otro reino de la muerte
la dorada visión reaparece
veo los ojos pero no las lágrimas
esta es mi aflicción.

Esta es mi aflicción,
ojos que no volveré a ver
ojos de decisión
ojos que no veré a no ser
a la puerta del otro reino de la muerte
donde, como en éste
los ojos perduran un poco de tiempo
un poco de tiempo duran más que las lágrimas
y nos miran con burla.

Llagas de amor

Federico García Lorca (1898-1936)

Esta luz, este fuego que devora.
Este paisaje gris que me rodea.
Este dolor por una sola idea.
Esta angustia de cielo, mundo y hora.

Este llanto de sangre que decora
lira sin pulso ya, lúbrica tea.
Este peso del mar que me golpea.
Este alacrán que por mi pecho mora.

Son guirnalda de amor, cama de herido,
donde sin sueño, sueño tu presencia
entre las ruinas de mi pecho hundido.

Y aunque busco la cumbre de prudencia,
me da tu corazón valle tendido
con cicuta y pasión de amarga ciencia.

El amenazado

Jorge Luis Borges (1899-1986)

Es el amor. Tendré que ocultarme o huir.

Crecen los muros de su cárcel, como en un sueño atroz.
La hermosa máscara ha cambiado, pero como siempre
es la única.

¿De qué me servirán mis talismanes: el ejercicio de las
letras, la vaga erudición, el aprendizaje de las palabras
que usó el áspero Norte para cantar sus mares y sus
espadas, la serena amistad, las galerías de la Biblioteca,
las cosas comunes, los hábitos, el joven amor de mi
madre, la sombra militar de mis muertos, la noche
intemporal, el sabor del sueño?

Estar contigo o no estar contigo es la medida de mi
tiempo.

Ya el cántaro se quiebra sobre la fuente, ya el hombre
se levanta a la voz del ave, ya se han oscurecido los
que miran por las ventanas, pero la sombra no ha
traído la paz.

Es, ya lo sé, el amor: la ansiedad y el alivio de oír tu
voz, la espera y la memoria, el horror de vivir en lo
sucesivo.

Es el amor con sus mitologías, con sus pequeñas
magias inútiles.

Hay una esquina por la que no me atrevo a pasar.

Ya los ejércitos me cercan, las hordas.
(Esta habitación es irreal; ella no la ha visto.)
El nombre de una mujer me delata.
Me duele una mujer en todo el cuerpo.

LA CARICIA PERDIDA

Alfonsina Storni (1902-1938)

Se me va de los dedos la caricia sin causa,
se me va de los dedos... En el viento, al rodar,
la caricia que vaga sin destino ni objeto,
la caricia perdida, ¿quién la recogerá?

Pude amar esta noche con piedad infinita,
pude amar al primero que acertara a llegar.
Nadie llega. Están solos los floridos senderos.
La caricia perdida, rodará..., rodará...

Si en el viento, te llaman esta noche, viajero,
si estremece las ramas un dulce suspirar,
si te oprime los dedos una mano pequeña
que te toma y te deja, que te logra y se va.

Si no ves esa mano, ni la boca que besa,
si es el aire quien teje la ilusión de llamar,
oh, viajero, que tienes como el cielo los ojos,
en el viento fundida, ¿me reconocerás?

AMANDO EN EL TIEMPO

Luis Cernuda (1902-1963)

El tiempo, insinuándose en tu cuerpo,
Como nube de polvo en fuente pura,
Aquella gracia antigua desordena
Y clava en mí una pena silenciosa.

Otros antes que yo vieron un día,
Y otros luego verán, cómo decae
La amada forma esbelta, recordando
De cuánta gloria es cifra un cuerpo hermoso.

Pero la vida solos la aprendemos,
Y placer y dolor se ofrecen siempre
Tal mundo virgen para cada hombre;
Así mi pena inculta es nueva ahora.

Nueva como lo fuese el primer hombre,
Que cayó con su amor del paraíso,
Cuando viera, su cielo ya vencido
Por sombras, decaer el cuerpo amado.

Pablo Neruda (1904-1973)

Puedo escribir los versos más tristes esta noche.

Escribir, por ejemplo: «La noche está estrellada,
y tiritan, azules, los astros, a lo lejos».

El viento de la noche gira en el cielo y canta.

Puedo escribir los versos más tristes esta noche.
Yo la quise, y a veces ella también me quiso.

En las noches como ésta la tuve entre mis brazos.
La besé tantas veces bajo el cielo infinito.

Ella me quiso, a veces yo también la quería.
Cómo no haber amado sus grandes ojos fijos.

Puedo escribir los versos más tristes esta noche.
Pensar que no la tengo. Sentir que la he perdido.

Oír la noche inmensa, más inmensa sin ella.
Y el verso cae al alma como el pasto al rocío.

Qué importa que mi amor no pudiera guardarla.
La noche está estrellada y ella no está conmigo.

Eso es todo. A lo lejos alguien canta. A lo lejos.
Mi alma no se contenta con haberla perdido.

Como para acercarla mi mirada la busca.
Mi corazón la busca, y ella no está conmigo.

La misma noche que hace blanquear los mismos
    árboles.
Nosotros, los de entonces, ya no somos los mismos.

Ya no la quiero, es cierto, pero cuánto la quise.
Mi voz buscaba el viento para tocar su oído.

De otro. Será de otro. Como antes de mis besos.
Su voz, su cuerpo claro. Sus ojos infinitos.

Ya no la quiero, es cierto, pero tal vez la quiero.
Es tan corto el amor, y es tan largo el olvido.

Porque en noches como ésta la tuve entre mis brazos,
mi alma no se contenta con haberla perdido.

Aunque éste sea el último dolor que ella me causa,
y éstos sean los últimos versos que yo le escribo.

PARAD LOS RELOJES
W. H. Auden (1907-1973)

Parad los relojes y desconectad el teléfono,
dadle un hueso jugoso al perro para que no ladre,
haced callar a los pianos, tocad tambores con sordina,
sacad el ataúd y llamad a las plañideras.

Que los aviones den vueltas en señal de luto
y escriban en el cielo el mensaje «Él ha muerto»,
ponedles crespones en el cuello a las palomas callejeras,
que los agentes de tráfico lleven guantes negros de
    algodón.

Él era mi norte y mi sur, mi este y mi oeste,
mi semana de trabajo y mi descanso dominical,
mi día y mi noche, mi charla y mi música.
Pensé que el amor era eterno: estaba equivocado.

Ya no hacen falta estrellas: quitadlas todas,
guardad la luna y desmontad el sol,
tirad el mar por el desagüe y podad los bosques,
porque ahora ya nada puede tener utilidad.

Celos (1.º)

Cesare Pavese (1908-1950)

Uno se sienta de frente y se vacían los primeros vasos
lentamente, contemplando fijamente al rival con
   adversa mirada.
Después se espera el borboteo del vino. Se mira al
   vacío,
bromeando. Si tiemblan todavía los músculos,
también le tiemblan al rival. Hay que esforzarse
para no beber de un trago y embriagarse de golpe.

Allende el bosque, se oye el bailable y se ven faroles
bamboleantes –sólo han quedado mujeres
en el entarimado. El bofetón asestado a la rubia
congregó a todo el mundo para regodearse con el
   lance.
Los rivales notaban en la boca un gusto de rabia
y de sangre; ahora notan el gusto del vino.
Para liarse a golpes, es preciso estar solos,
como para hacer el amor, pero siempre está la noche.

En el entarimado, los faroles de papel y las mujeres
no están quietos con el aire fresco. La rubia,
   nerviosa,
se sienta e intenta reír, pero se imagina un prado

en que los dos contienden y se desangran.
Les ha oído vocear más allá de la vegetación.
Melancólica, sobre el entarimado, una pareja de
    mujeres
pasea en círculo; alguna que otra rodea a la rubia
y se informan acerca de si en verdad le duele la cara.

Para liarse a golpes es preciso estar solos.
Entre los compañeros siempre hay alguno que charla
y es objeto de bromas. La porfía del vino
ni siquiera es un desahogo: uno nota la rabia
borboteando en el eructo y quemando el gaznate.
El rival, más sosegado, coge el vaso
y lo apura sin interrupción. Ha trasegado un litro
y acomete el segundo. El calor de la sangre,
al igual que una estufa, seca pronto los vasos.
Los compañeros en derredor tienen rostros lívidos
y oscilantes, las voces apenas se oyen.
Se busca el vaso y no está. Por esta noche
–incluso venciendo– la rubia regresa sola a casa.

Miguel Hernández (1910-1942)

¿No cesará este rayo que me habita
el corazón de exasperadas fieras
y de fraguas coléricas y herreras
donde el metal más fresco se marchita?

¿No cesará esta terca estalactita
de cultivar sus duras cabelleras
como espadas y rígidas hogueras
hacia mi corazón que muge y grita?

Este rayo ni cesa ni se agota:
de mí mismo tomó su procedencia
y ejercita en mí mismo sus furores.

Esta obstinada piedra de mí brota
y sobre mí dirige la insistencia
de sus lluviosos rayos destructores.

*

Como el toro he nacido para el luto
y el dolor, como el toro estoy marcado
por un hierro infernal en el costado
y por varón en la ingle con un fruto.

Como el toro lo encuentra diminuto
todo mi corazón desmesurado,
y del rostro del beso enamorado,
como el toro a tu amor se lo disputo.

Como el toro me crezco en el castigo,
la lengua en corazón tengo bañada
y llevo al cuello un vendaval sonoro.

Como el toro te sigo y te persigo,
y dejas mi deseo en una espada,
como el toro burlado, como el toro.

Soneto de La Zubia

Antonio Gala (1930-)

Tú me abandonarás en primavera,
cuando sangre la dicha en los granados
y el secadero, de ojos asombrados,
presienta la cosecha venidera.

Creerá el olivo de la carretera
ya en su rama los frutos verdeados.
Verterá por maizales y sembrados
el milagro su alegre revolera.

Tú me abandonarás. Y tan labriega
clareará la tarde en el ejido,
que pensaré: «Es el día lo que llega».

Tú me abandonarás sin hacer ruido,
mientras mi corazón salpica y juega
sin darse cuenta de que ya te has ido.

CARTA DE AMOR

Sylvia Plath (1932-1963)

No es fácil expresar lo que has cambiado.
Si ahora estoy viva, entonces estaba muerta,
aunque, como a las piedras, no me preocupaba,
seguía en mi lugar de acuerdo con la costumbre.
No me moviste un ápice, no–
tampoco me dejaste con los ojos abiertos
hacia el cielo una vez más, sin esperanza, claro está,
de asir lo azul ni las estrellas.

No fue eso. Me dormí: una serpiente
camuflada entre rocas negras como roca negra
en el hiato blanco del invierno–
como los vecinos, sin encontrar placer
en el millón de mejillas
perfectamente cinceladas ardiendo a cada instante
para fundir mi mejilla de basalto. Se pusieron a llorar,
ángeles llorando por naturalezas apagadas,
pero no me convencieron. Las lágrimas se helaron.
Cada cabeza de muerto tenía un yelmo de hielo.

Y seguí durmiendo como un dedo doblado.
Lo primero que vi fue puro aire
y las gotas que se elevaban en rocío

puras como espíritus. Había muchas piedras
alrededor, densas y sin expresión.
Yo no sabía qué hacer con ello.
Brillaba, como escamas de mica, y me abría
para verterme como un líquido
entre patas de pájaros y tallos de plantas.
No me engañabas. Te reconocí al instante.

El árbol y la piedra brillaban, sin sombras.
Mi dedo se alargaba y rutilaba como cristal.
Comencé a brotar como una rama en marzo:
un brazo y una pierna, un brazo, una pierna.
De piedra a nube, así ascendía.
Ahora parezco una especie de dios
y floto en el aire con el rumbo del alma
pura como una lámina de hielo. Es un don.

MADRIGAL

Pere Gimferrer (1945-)

Amor, con el poder terrible de una rosa,
tu tensa piel ha saqueado mis ojos, y es demasiado
   claro
este color de velas en un mar terso. ¡Dulzura,
la tan cruel dulzura violeta
que las nalgas defienden, como el nido de la luz!
                          Porque una rosa
tiene el poder de la seda: tacto mortal, estíos
crujientes, con el grosor de un tejido desgarrándose,
el resplandor estrellado contra las cornisas
y el cielo, más allá de la ventana, tan lóbrego como un
   sumidero.
                  De anochecida, el hombre
con los anteojos ahumados, en la cocina de gas,
palpa los utensilios de Auschwitz, las tenazas alquímicas,
las botellas de cal. Amor, el hombre de los guantes
   oscuros
no raerá el color de concha de un vientre,
el perfume de enebro y olivas de la piel,
no raerá la luz de una rosa inmortal
que la simiente deshoja con un tierno pico.
                  Y ahora veo la garza
 real, plegando sus alas en la habitación,

la garza que, con la luz que capitula,
es plumaje y calor, y es como el cielo:
                                 sólo resplandor marino
y, después, un recuerdo de haber vivido contigo.

La pérdida

Safo (650 a.C.-580 a.C.)

...
de verdad que morir yo quiero
pues aquella llorando se fue de mí.

Y al marchar me decía: Ay, Safo,
qué terrible dolor el nuestro
que sin yo desearlo me voy de ti.

Pero yo contestaba entonces:
No me olvides y vete alegre
sabes bien el amor que por ti sentí,

y, si no, recordarte quiero,
por si acaso a olvidarlo llegas,
cuánto hermoso a las dos nos pasó y feliz:

las coronas de rosas tantas
y violetas también que tú
junto a mí te ponías después allí,

las guirnaldas que tú trenzabas
y que en torno a tu tierno cuello
enredabas haciendo con flores mil,

perfumado tu cuerpo luego
con aceite de nardo todo
y con leche y aceite del de jazmín.

recostada en el blando lecho,
delicada muchacha en flor,
al deseo dejabas tú ya salir.

Y ni fiesta jamás ni danza,
ni tampoco un sagrado bosque
al que tú no quisieras conmigo ir.
...

NOSTALGIA ANHELANTE
Li Po (701-762)

Dirijo mis añoranzas
a la distante capital.
En torno al brocal de jade,
los grillos lloran tristemente el otoño.
La escarcha cae,
y el frío invade mi lecho.

¡Oh amor mío!
Pienso en ti, desesperado,
a la luz de mi moribundo candil.
Corro la cortina,
contemplo la luna
y gimo largo tiempo:
eres tan bella como una flor,
pero las nubes nos separan.

El firmamento se extiende infinitamente.
Las olas de los ríos azules
una a otra se suceden.
El cielo es tan inmenso,
y la tierra, tan ancha,
que me costará atravesarlos.

No podré llegar ni en sueños
a la montaña de Guangshan.
Se me parte el corazón por la nostalgia.

Rondel

François Villon (1431-?)

Muerte, apelo de tu rigor
Pues me has quitado a mi amada
Y aún no te ves satisfecha
Si no me hundes en la melancolía:
Nunca más tendré fuerzas ni ánimos;
¿Pero en qué te perjudicaba su vida, muerte?

Éramos dos y un solo corazón latía
Si éste ha muerto, obligado es que yo muera,
De verdad, o que siga viviendo sin vida
Como las imágenes, por el recuerdo,
                    ¡Muerte!

Lope de Vega (1562-1635)

[...] *Ven, muerte, tan escondida,*
que no te sienta venir,
porque el placer del morir
no me vuelva a dar la vida.

Glosa

Muerte, si mi esposo muerto,
no eres Muerte, sino muerta;
abrevia tu paso incierto,
pues de su gloria eres puerta
y de mi vida eres puerto.
Descubriendo tu venida,
y encubriendo el rigor fuerte
como quien viene a dar vida,
aunque disfrazada en muerte,
ven, muerte, tan escondida.

En Cristo mi vida veo,
y mi muerte en tu tardanza;
ya desatarme deseo,
y de la fe y esperanza
hacer el último empleo.

Si hay en mí para morir,
algo natural, oh muerte,
difícil de dividir,
entra por mi amor de suerte
que no te sienta venir.

Y si preguntarme quieres,
muerte perezosa y larga,
porque para mí lo eres,
pues con tu memoria amarga
tantos disgustos adquieres,
ven presto, que con venir
el porqué podrás saber,
y vendrá a ser al partir,
pues el morir es placer,
porque el placer del morir.

Y es este placer de suerte,
que temo, muerte, que allí
le alargue otra vida el verte,
porque serás muerte en mí,
si eres vida por ser muerte.
Mas, mi Dios, si, desasida
vuelo destos lazos fuertes,
ver la esperanza cumplida
vuélvame a dar muchas muertes,
no me vuelva a dar la vida. [...]

AMOR CONSTANTE MÁS ALLÁ DE LA MUERTE

Francisco de Quevedo (1580-1645)

Cerrar podrá mis ojos la postrera
sombra que me llevare el blanco día,
y podrá desatar esta alma mía
hora a su afán ansioso lisonjera;

mas no, de esotra parte, en la ribera,
dejará la memoria, en donde ardía:
nadar sabe mi llama la agua fría,
y perder el respeto a ley severa.

Alma a quien todo un dios prisión ha sido,
venas que humor a tanto fuego han dado,
medulas que han gloriosamente ardido,

su cuerpo dejarán, no su cuidado;
serán ceniza, mas tendrá sentido;
polvo serán, mas polvo enamorado.

AMOR ETERNO

Gustavo Adolfo Bécquer (1836-1870)

Podrá nublarse el sol eternamente;
podrá secarse en un instante el mar;
podrá romperse el eje de la tierra
        como un débil cristal.

¡Todo sucederá! Podrá la muerte
cubrirme con su fúnebre crespón;
pero jamás en mí podrá apagarse
        la llama de tu amor.

DEDICATORIA

Robert Louis Stevenson (1850-1894)

Lo primero que te regalo –y acaso lo último–:
este racimo de canciones.
No tengo otras riquezas,
pero valgan lo que valgan, tuyas son.

Escucha lo que te dice mi sentir:
prefiero ver brillar tus limpios ojos
y escuchar la emoción
que te provoque esta alegría de mi corazón

que tener el unánime aplauso
del coro del mundo
ya de acuerdo en alabar mis versos
como el que paga una deuda con su alabanza.

Al escribirlos pongo a mi amor punto final.
Ellos serán tu tumba y tu epitafio.
Ahora el camino se bifurca, y yo
debo ir por mi lado, tan lejos, ay, del tuyo.

Arthur Rimbaud (1854-1891)

Oh estaciones, oh castillos,
¿qué alma hay sin defectos?

Oh estaciones, oh castillos.

Yo hice el mágico estudio
de la Felicidad, que nadie elude.

Oh, que viva, cada vez
que cante su gallo galo.

Pero ya nunca más tendré deseo,
pues se encargó de mi vida.

¡Este Hechizo! Tomó alma y cuerpo,
dispersó todas las fuerzas.

¿Qué entender de mi palabra?
Hace que huya y vuele.

Oh estaciones, oh castillos.
(Y, si me arrastra la desdicha,
seguro que pierdo su gracia.

Es preciso que su desdén, ya harto,
me entregue a la más pronta muerte.

–Oh Estaciones, oh Castillos.)

DESEOS

Konstantinos Kavafis (1863-1933)

Como bellos cuerpos que la muerte tomara en
    juventud
y hoy yacen, bajo lágrimas, en mausoleos espléndidos,
coronados de rosas y a sus pies jazmines –
así aquellos deseos de una hora
que no fue satisfecha; los que nunca gozaron
el placer de una noche, o una radiante amanecida.

LO FATAL

Rubén Darío (1867-1916)

Dichoso el árbol que es apenas sensitivo,
y más la piedra dura porque ésa ya no siente,
pues no hay dolor más grande que el dolor de ser vivo,
ni mayor pesadumbre que la vida consciente.

Ser, y no saber nada, y ser sin rumbo cierto,
y el temor de haber sido y un futuro terror...
Y el espanto seguro de estar mañana muerto,
y sufrir por la vida y por la sombra y por

lo que no conocemos y apenas sospechamos,
y la carne que tienta con sus frescos racimos,
y la tumba que aguarda con sus fúnebres ramos,
¡y no saber adónde vamos,
ni de dónde venimos!...

El viaje definitivo

Juan Ramón Jiménez (1881-1958)

Y yo mi iré. Y se quedarán los pájaros
cantando;
y se quedará mi huerto, con su verde árbol,
y con su pozo blanco.

Todas las tardes, el cielo será azul y plácido;
y tocarán, como esta tarde están tocando,
las campanas del campanario.

Se morirán aquellos que me amaron;
y el pueblo se hará nuevo cada año;
y en el rincón aquel de mi huerto florido y encalado,
mi espíritu errará, nostáljico...

Y yo me iré, y estaré solo, sin hogar, sin árbol
verde, sin pozo blanco,
sin cielo azul y plácido...
Y se quedarán los pájaros cantando.

DIOS LO QUIERE

Gabriela Mistral (1889-1957)

I

La tierra se hace madrastra
si tu alma vende a mi alma.
Llevan un escalofrío
de tribulación las aguas.
El mundo fue más hermoso
desde que me hiciste aliada,
cuanto junto de un espino
nos quedamos sin palabras
¡y el amor como el espino
nos traspasó de fragancia!

Pero te va a brotar víboras
la tierra si vendes mi alma;
baldías del hijo, rompo
mis rodillas desoladas.
Se apaga Cristo en mi pecho
¡y la puerta de mi casa
quiebra la mano al mendigo
y avienta a la atribulada!

II

Beso que tu boca entregue
a mis oídos alcanza,
porque las grutas profundas
me devuelven tus palabras.
El polvo de los senderos
guarda el olor de tus plantas
y oteándolas como un ciervo,
te sigo por las montañas...

A la que tú ames, las nubes
la pintan sobre mi casa.
Ve cual ladrón a besarla
de la tierra en las entrañas,
que, cuando el rostro le alces,
hallas mi cara con lágrimas.

III

Dios no quiere que tú tengas
sol si conmigo no marchas;
Dios no quiere que tú bebas
si yo no tiemblo en tu agua;
no consiente que tú duermas
sino en mi trenza ahuecada.

IV

Si te vas, hasta en los musgos
del camino rompes mi alma;
te muerden la sed y el hambre
en todo monte o llamada
y en cualquier país las tardes
con sangre serán mis llagas.

Y destilo de tu lengua
aunque a otra mujer llamaras,
y me clavo como un dejo
de salmuera en tu garganta;
y odies, o cantes, o ansíes,
¡por mí solamente clamas!

V

Si te vas y mueres lejos,
tendrás la mano ahuecada
diez años bajo la tierra
para recibir mis lágrimas,
sintiendo cómo te tiemblan
las carnes atribuladas,
¡hasta que te espolvoreen
mis huesos sobre la cara!

Idilio muerto

César Vallejo (1892-1938)

Qué estará haciendo esta hora mi andina y dulce Rita
de junco y capulí;
ahora que me asfixia Bizancio, y que dormita
la sangre, como flojo cognac, dentro de mí.

Dónde estarán sus manos que en actitud contrita
planchaban en las tardes blancuras por venir;
ahora, en esta lluvia que me quita
las ganas de vivir.

Qué será de su falda de franela; de sus
afanes; de su andar;
de su sabor a cañas de mayo del lugar.

Ha de estarse a la puerta mirando algún celaje,
y al fin dirá temblando: ¡Qué frío hay... Jesús!».
Y llorará en las tejas un pájaro salvaje.

MUERTE A LO LEJOS
Jorge Guillén (1893-1984)

Je soutenais l'éclat de la mort toute purie
VALÉRY

Alguna vez me angustia una certeza,
Y ante mí se estremece mi futuro.
Acechándolo está de pronto un muro
Del arrabal final en que tropieza

La luz del campo. ¿Mas habrá tristeza
Si la desnuda el sol? No, no hay apuro
Todavía. Lo urgente es el maduro
Fruto. La mano ya lo descorteza.

... Y un día entre los días el más triste
Será. Tenderse deberá la mano
Sin afán. Y acatando el inminente

Poder diré sin lágrimas: embiste,
Justa fatalidad. El muro cano
Va a imponerme su ley, no su accidente.

DOLOROSA

Gerardo Diego (1896-1987)

He aquí, helados cristalinos,
sobre el virginal regazo,
muertos ya para el abrazo,
aquellos miembros divinos.
Huyeron los asesinos.
¡Qué soledad sin colores!
¡Oh Madre mía, no llores!
¡Cómo lloraba María!
La llaman desde aquel día
la Virgen de los Dolores.

PETICIÓN DEL ALMA ETERNA

Dámaso Alonso (1898-1990)

Yo creo –ya lo he dicho– que la muerte
del cuerpo mata al alma al tiempo mismo:
alma y cuerpo se mueren a la par.
Mi idea es eso.
Pero puede ser falsa. ¡Ojalá sea!

Dudas hay, muchas dudas.
Otro deseo tengo,
y me pongo a pedir al gran «Ser» único,
al «Ser» que creo eterno, omnipotente,
que no sé dónde (no sé cierto si existe).
Yo le busco y le adoro,
quiero hallarle y servirle, astro santísimo;
yo le pido mi alivio y mi deseo:
que haga vivir las almas, que no mueran
cuando se muera el cuerpo.

Te pedí muchas veces que existieras.
Hoy te pido otra vez que existas; ¿dónde existes?

Mi amor te ama: ¡que existas!
Te lo pido con toda tu inmensa intensidad.
Deseo esto de ti: que el alma quede eterna

cuando se muere el cuerpo.
Casualidad inmensa sorprende algunas veces:
saltan periodos tersos de ideas de «alma eterna».
Creo que ahora me viene –grande encanto– eso mismo.
Versos voy a escribir de alma viva sin muerte.
Hablaré de mi vida, de mi padre y mi madre,
de mis amigos muertos, de famosos poetas,
del enorme Universo. ¡Muchas gracias! Mas sé
que otra vez volverá la idea resurgente:
volverá el alma muerta cuando se muere el cuerpo.
Mas ahora, sí, ¡gracias!, viva el alma inmortal
cuando se muere el cuerpo: la tendré varias horas.
¡Feliz tiempo dichoso!

DONDE HABITA EL DESEO

Luis Cernuda (1902-1963)

Donde habite el olvido,
En los vastos jardines sin aurora;
Donde yo sólo sea
Memoria de una piedra sepultada entre ortigas
Sobre la cual el viento escapa a sus insomnios.

Donde mi nombre deje
Al cuerpo que designa en brazos de los siglos,
Donde el deseo no exista.

En esa gran región donde el amor, ángel terrible,
No esconda como acero
En mi pecho su ala,
Sonriendo lleno de gracia aérea mientras crece
    el tormento.

Allá donde termine este afán que exige un dueño
    a imagen suya,
Sometiendo a otra vida su vida,
Sin más horizonte que otros ojos frente a frente.

Donde penas y dichas no sean más que nombres,
Cielo y tierra nativos en torno de un recuerdo;

Donde al fin quede libre sin saberlo yo mismo,
Disuelto en niebla, ausencia,
Ausencia leve como carne de niño.

Allá, allá lejos;
Donde habite el olvido.

Pablo Neruda (1904-1973)

Si alguna vez tu pecho se detiene,
si algo deja de andar ardiendo por tus venas,
si tu voz en tu boca se va sin ser palabra,
si tus manos se olvidan de volar y se duermen,

Matilde, amor, deja tus labios entreabiertos
porque ese último beso debe durar conmigo,
debe quedar inmóvil para siempre en tu boca
para que así también me acompañe en mi muerte.

Me moriré besando tu loca boca fría,
abrazando el racimo perdido de tu cuerpo,
y buscando la luz de tus ojos cerrados.

Y así cuando la tierra reciba nuestro abrazo
iremos confundidos en una sola muerte
a vivir para siempre la eternidad de un beso.

Elegía

Miguel Hernández (1910-1942)

(En Orihuela, su pueblo y el mío,
se me ha muerto como del rayo
Ramón Sijé, con quien tanto quería.)

Yo quiero ser llorando el hortelano
de la tierra que ocupas y estercolas,
compañero del alma, tan temprano.

Alimentando lluvias, caracolas
y órganos mi dolor sin instrumento,
a las desalentadas amapolas

daré tu corazón por alimento.
Tanto dolor se agrupa en mi costado,
que por doler me duele hasta el aliento.

Un manotazo duro, un golpe helado,
un hachazo invisible y homicida,
un empujón brutal te ha derribado.

No hay extensión más grande que mi herida,
lloro mi desventura y sus conjuntos
y siento más tu muerte que mi vida.

Ando sobre rastrojos de difuntos,
y sin calor de nadie y sin consuelo
voy de mi corazón a mis asuntos.

Temprano levantó la muerte el vuelo,
temprano madrugó la madrugada,
temprano estás rodando por el suelo.

No perdono a la muerte enamorada,
no perdono a la vida desatenta,
no perdono a la tierra ni a la nada.

En mis manos levanto una tormenta
de piedras, rayos y hachas estridentes
sedienta de catástrofes y hambrienta.

Quiero escarbar la tierra con los dientes,
quiero apartar la tierra parte a parte
a dentelladas secas y calientes.

Quiero minar la tierra hasta encontrarte
y besarte la noble calavera
y desamordazarte y regresarte.

Volverás a mi huerto y a mi higuera:
por los altos andamios de las flores
pajareará tu alma colmenera

de angelicales ceras y labores.
Volverás al arrullo de las rejas
de los enamorados labradores.

Alegrarás la sombra de mis cejas,
y tu sangre se irá a cada lado
disputando tu novia y las abejas.

Tu corazón, ya terciopelo ajado,
llama a un campo de almendras espumosas
mi avariciosa voz de enamorado.

A las aladas almas de las rosas
del almendro de nata te requiero,
que tenemos que hablar de muchas cosas,
compañero del alma, compañero.

SOLO
Nicanor Parra (1914-)

Poco
    a
      poco
         me
            fui
               quedando
                    solo
Imperceptiblemente:
Poco
    a
      poco

Triste es la situación
Del que gozó de buena compañía
Y la perdió por un motivo u otro.

No me quejo de nada: tuve todo
Pero
    sin
      darme
         cuenta
Como un árbol que pierde una a una sus hojas

Fuime
    quedando
        solo
           poco
              a
            poco.

EN LA MUERTE DE UN POETA

Luis Antonio de Villena (1951-)

A quien amó tanto la Belleza
y tanto gustó de la finible tierra,
¿qué le espera en la muerte?
No serán –y es pena– los dioses
juveniles que convocaron tantos,
y que Mahoma prometió a sus fieles;
ni tampoco estará el siriaco Adonis
recogiendo en sus manos la melena
del muerto. Ceniza solamente aguarda
a quien amó los cuerpos, y el húmedo verdín
a aquellas manos que anhelaron juventud
eterna. En nada, sí, culmina la Belleza,
y no hay perfumes de verano en el lodo
sombrío de la tierra. Pero ahora quizá,
amigo mío, ahora precisamente que estás muerto,
entiendes bien por qué te ardió la luz
en días estivales, y por qué amaste,
hasta el delirio, la frágil armonía adolescente.

Sobre los autores

ALBERTI, RAFAEL

Rafael Alberti nació en Puerto de Santa María en 1902 y en 1917 se traslada con su familia a Madrid. A partir de 1921 consolida su vocación poética, y en sus visitas a la Residencia de Estudiantes conoce a Lorca, Dalí, Buñuel y otros artistas de la generación del 27. En 1925 obtiene el Premio Nacional de Literatura por *Marinero en tierra*. Tras la guerra civil, comienza un prolongado exilio que lo llevará a París y luego a Buenos Aires y Roma. En 1977 regresa a España, donde obtiene en 1983 el Premio Cervantes. Falleció en 1999.

ALEIXANDRE, VICENTE

Vicente Aleixandre nació en Sevilla en 1898, y desde niño fue condenado a una existencia retirada del mundo debido a una grave enfermedad. En 1934 obtuvo el Premio Nacional de Literatura, y desde 1949 fue miembro de la Real Academia Española. En 1977 le fue concedido el Premio Nobel. Introductor del surrealismo en la poesía española, Aleixandre supuso una influencia capital en los escritores de su generación y de las generaciones posteriores. Murió en Madrid, en 1984.

ALONSO, DÁMASO

Dámaso Alonso, uno de los «guerreros de la palabra» de la generación del 27, nació en Madrid en 1898, año que marcará a otra generación de escritores impotentes y desilusionados ante la injusticia reinante en el país que amaban. En 1968, deja su cátedra en la Universidad de Madrid y sucede a su maestro Menéndez Pidal como presidente de la Real Academia de la Lengua Española. Culmina así, hasta su muerte en 1990, una existencia de lucha racional por la vida, librada en el campo de la poesía y en sus estudios lingüísticos, estilísticos y críticos.

APOLLINAIRE, GUILLAUME

Guillaume Apollinaire nació en Roma en 1880, instalándose posteriormente en ese «gran París» del que llegó a ser uno de sus principales animadores culturales y espirituales. Siempre a la cabeza de la vanguardia, su hábeas literario abarca desde las más inusitadas obras dramáticas hasta las más descabelladas novelas eróticas, sin olvidar sus ensayos premonitorios sobre las tendencias artísticas del momento. Considerado por la crítica como el creador de la «poesía cubista» y del concepto «superrealista», desarrollado por Breton, su influencia puede rastrearse en buena parte de la lírica contemporánea. Tras ser herido en la cabeza a finales de la Primera Guerra Mundial, Apollinaire, el vigía melancólico, murió en 1918.

AUDEN, W. H.

Wystan Hugh Auden nació en York en 1907 y cursó sus estudios en Oxford, coincidiendo con los grandes escritores del panorama anglosajón de su época. Su obra poética, iniciada en 1930 con su libro *Poemas*, desarrolló un estilo claro y coloquial que se reproduciría a lo largo de su obra. En 1939 se trasladó a Estados Unidos, donde adquirió la ciudadanía en 1946. En 1947 obtuvo el Premio Pulitzer por *La época de la ansiedad*. Murió en 1973.

BAUDELAIRE, CHARLES

Charles Baudelaire nació en París en 1821. A partir de 1840, tras matricularse en la facultad de Derecho, comienza a relacionarse con los círculos literarios del momento y a llevar una vida bohemia y disipada, lo que empuja a su familia a partir de Francia. Regresa en 1842, y es desheredado al año siguiente. A partir de 1848, se convierte en el principal traductor de Poe. En 1857 publica *Las flores del mal*, y en 1860 *Los paraísos artificiales*. Su mala salud y sus crecientes deudas lo van empujando poco a poco a una situación inmanejable, y en 1866 termina por sucumbir a la enfermedad. Tras una larga agonía, muere en París el 31 de agosto de 1867, y es enterrado unos días después en el cementerio de Montparnasse.

Bécquer, Gustavo Adolfo
Seudónimo literario de Gustavo Adolfo Domínguez Bastida, (Sevilla, 1836-Madrid, 1870). Huérfano de padre y madre, se trasladó a Madrid, donde trabajó como funcionario y periodista. Fue director de *El Mundo* y redactor de *El Porvenir*; fundó la revista *España artística y literaria*. En su obra poética se observa la influencia del romanticismo europeo y de la poesía popular española. Debe gran parte de su fama a sus *Rimas* (1871), poemas breves que, sin grandilocuencia, expresan un sentimiento momentáneo, fugaz e íntimo. La poesía de Bécquer fue decisiva para Juan Ramón Jiménez, y de ella arranca la lírica española contemporánea.

Borges, Jorge Luis
Nacido en Buenos Aires en 1899, Jorge Luis Borges residió en Europa durante la Segunda Guerra Mundial y estudió en Inglaterra y Suiza, además de en Argentina. En 1918 fue a España y se integró en los grupos literarios que cultivaban el ultraísmo.

En 1921 volvió a su país natal, fundó la revista *Proa* y colaboró en otras publicaciones culturales. Escritor de una gran delicadeza, de gran contención y reflexividad, nada en él aparece como espontáneo sino profundamente estudiado. Un temor a la expresividad criolla le lleva a una elaboración constante, que, como contrapunto, produce una gran sensación de belleza lírica y evocativa. Entre sus obras cabe destacar *Historia universal de la infamia*, *El jardín de senderos que se bifurcan*, *Ficciones*, *Cartas del fervor* o *El Aleph*. En 1979 compartió con Gerardo Diego el Premio Cervantes, y en 1983 el gobierno español le otorgó la Gran Cruz de la Orden de Alfonso X el Sabio. Murió en 1986, considerado como el escritor argentino de mayor prestigio universal.

BOSCÁN, JUAN
Juan Boscán nació en Barcelona en 1493 y murió, también en Barcelona, en 1542. Provino de familia noble. Sirvió en la corte del emperador Carlos V y también al duque de Alba. Viajó a Italia, representando al gobierno español, donde tuvo la oportunidad y la suerte de encontrar a Garcilaso de la Vega, con quien entabló una gran amistad que duraría hasta la muerte. Boscán, que había cultivado con gran ingenio la lírica cortesana tradicional, introdujo los metros italianos en la poesía castellana. Su gran amigo, el embajador veneciano y humanista Andrés Navagiero, le animó a que ensayara los versos de corte italiano, en particular el soneto. Él y su amigo Garcilaso, habiendo estado los dos en Italia, transformaron completamente la poesía castellana, dejando atrás de algún modo la poesía trovadoresca.

CATULO

Muy joven todavía, Cayo Valerio Catulo (Verona, hacia el año 84 a.C.) se fue a vivir a Roma con su hermano. Allí, el estudio y la vida disipada ocuparon la mayor parte de su tiempo. Empezó a escribir poesía a los veinte años. Allí comienza también su «romance» con una mujer casada, Clodia, la Lesbia de sus poemas, fuente de inspiración de lo mejor de su obra. Viajó a Grecia y a Asia. Volvió a Roma tan pobre como se fue y enfermo de tisis, muriendo en el año 54 a.C. a los treinta años. La antigüedad nos ha legado su obra reunida en un solo libro, el *Liber Catullianus*, organizado a partir de criterios métricos y de género.

CERNUDA, LUIS

Luis Cernuda nació en Sevilla en 1902 y cursó allí sus estudios, donde tuvo como maestro a Pedro Salinas. Tras licenciarse en Derecho, se fue a vivir a Madrid, donde se incorporó a la llamada «generación del 27». Tras la guerra civil, se trasladó a Gran Bretaña, donde ejerció como profesor en las universidades de Glasgow y Cambridge. Tras residir unos años en Estados Unidos, se instaló definitivamente en México, donde murió en 1963.

CRUZ, SOR JUANA INÉS DE LA

Sor Juana Inés de la Cruz nació en San Miguel de Nepantla (México) en 1651. Dotada desde joven de un extraordinario talento, para conservar su libertad se inicia en la vida monástica. En el internado del convento escribe comedias, poesías y cartas, consagrándose rápidamente como una de las voces más importantes del Nuevo Mundo. Atacada por sus superiores a causa de sus estudios profanos, dejó de escribir para dedicarse a ayudar a los pobres, muriendo durante una epidemia en la que cuidaba a los enfermos, en Ciudad de México en 1695.

DARÍO, RUBÉN
Félix Rubén García Sarmiento, conocido como Rubén Darío, nació en Metapa, Nicaragua, en 1867. Poeta precoz, durante su breve pero intensa vida compaginó su vocación literaria con colaboraciones periodísticas y el servicio diplomático. Con *Azul*, el libro de poemas que le reveló como un poeta innovador, que enlazaba con las corrientes del simbolismo francés, inauguró el modernismo. Darío murió en León, Nicaragua, en 1916.

DICKINSON, EMILY
Emily Dickinson nació en Amherst (Massachusetts) en 1830, en el seno de una familia rica y puritana de Nueva Inglaterra. Dickinson, que fue una joven activa y llena de vida, se encerró a los treinta años en la casa paterna y ya no salió. No obstante, mantuvo el contacto con los seres queridos a través de sus cartas, tan cuidadosamente elaboradas como sus poemas. Las primeras selecciones de sus poemas fueron publicadas póstumamente. Sus poemas gozaron de un inmediato reconocimiento popular. Dickinson falleció en 1886, y la crítica tardaría todavía muchos años en concederle el lugar merecido en la historia de la poesía universal.

DIEGO, GERARDO
Gerardo Diego nació en Santander en 1896 y fue miembro destacado de la generación del 27, de obra abundante y de gran ho-

nestidad literaria apoyada en un impulso poético auténtico. Doctor en Filosofía y Letras, en 1920 obtiene una cátedra de instituto y publica su primer libro de poemas, *El romancero de la novia*. Gana el Premio Nacional de Literatura en 1925 por su libro *Versos humanos*. Comienza a publicar las revistas *Carmen* y *Lola*, de carácter vanguardista, en 1927. En 1932 recopila la influyente antología *Poesía española contemporánea* (1915-1932), e inicia sus tareas como crítico musical en varios diarios. Es elegido por unanimidad miembro de la Real Academia Española en 1947. Vuelve a obtener el Premio Nacional de Literatura en 1956. En 1980 se le concede el Premio Cervantes. Muere en Madrid en 1987 y es sepultado en el cementerio de Pozuelo de Alarcón.

ELIOT, T. S.
T. S. Eliot nació en Estados Unidos en 1888, vivió en la Francia del simbolismo y se afincó en Inglaterra a partir de 1927. Para esta fecha ya había publicado *La tierra baldía*, obra maestra del movimiento literario bautizado como *modernism*, y estrechamente asociado al experimentalismo y la vanguardia. El empleo del collage, con textos en diversas lenguas, y la utilización de técnicas de montaje sincrónico y de acumulación simultánea refuerzan el hermetismo de los poemas, que aúnan visiones realistas con imágenes del subconsciente, metáforas crípticas y símbolos de oscuro origen. Eliot murió en el año 1965.

FERRATER, GABRIEL
Gabriel Ferrater nació en Reus en 1922 y murió en Sant Cugat del Vallès en 1972. Cursó estudios de Matemáticas en Barcelona,

donde conoció a Carlos Barral, Jaime Gil de Biedma y José María Castellet, el núcleo de lo que luego se llamó Escuela de Barcelona. Trabajó durante algunos años para la editorial Seix Barral y al final de su vida se dedicó a la lingüística. Publicó tres libros de poemas: *Da nuces pueris* (1960), *Menja't una cama* (1962) y *Teoria dels cossos* (1966), recogidos en *Les dones i els dies* (1968).

Gala, Antonio

Nacido en Brazastortas (Ciudad Real) en 1930, Antonio Gala consiguió un accésit del Premio Adonais de poesía en 1959, con *Enemigo íntimo*, obtuvo el Premio Nacional de Teatro Calderón de la Barca en 1963, por *Los verdes campos del Edén*, y consiguió el Premio Planeta en 1990 por su primera novela, *El manuscrito carmesí*. La obra teatral de Gala es muy amplia y ha gozado más de los favores del público que de una parte de la crítica. Toda la trayectoria literaria de Gala está marcada por temas de tipo histórico que utiliza más para iluminar el presente que para ahondar en el pasado.

García Lorca, Federico

Federico García Lorca (Fuente Vaqueros, 1898) perteneció a una familia acomodada y estudió Música y Derecho. Es uno de los valores más positivos de la poesía contemporánea y una de las figuras más representativas de la célebre generación del 27. Poeta que conjuga sabiamente tradición y modernidad, en su vasta obra se encuentran títulos tan merecidamente aclamados como *Poema del cante jondo*, *Primer romancero gitano*, *Llanto por la muerte de Ignacio Sánchez Mejías* o *Poeta en Nueva York*, así como las piezas teatrales *Bodas de sangre*, *Yer-*

ma y *La casa de Bernarda Alba*. El estallido de la guerra civil lo sorprendió en Granada, y el 19 de agosto de 1936 fue fusilado en Víznar.

GIL DE BIEDMA, JAIME

Jaime Gil de Biedma nació en 1929, en Barcelona, donde se licenció en Derecho en 1951. Sus primeros poemas aparecieron en 1953, con el título *Según sentencia del tiempo*. Siguieron *Compañeros de viaje* (1959), *En favor de Venus* (1965), *Moralidades* (1966) y *Poemas póstumos* (1968). En 1960 publicó *Cántico: el mundo y la poesía de Jorge Guillén*, libro que, junto a sus restantes incursiones ensayísticas, se incluye en *El pie de la letra. Ensayos completos, 1955-1979* (1980), y, en 1974, *Diario del artista seriamente enfermo*, que constituye, con modificaciones, la tercera parte de *Retrato del artista en 1956* (1991). Murió en enero de 1990.

GIMFERRER, PERE

Pere Gimferrer nació en Barcélona en 1945, y estudió Derecho y Filosofía y Letras en la Universidad de su ciudad natal. En 1963 publicó *El mensaje del tetrarca*, y tres años más tarde, la aparición de *Arde el mar*, Premio Nacional de Poesía, supuso no sólo la revelación de una de las voces poéticas más importantes de la segunda mitad del siglo XX en lengua castellana, sino una clara ruptura con la poesía peninsular, confesional y narrativa, de los más destacados poetas de los años cincuenta. A partir de 1970, proseguiría su investigación formal en lengua catalana (*Els miralls*, 1970; *Hora foscant*, 1972; *Foc cec*, 1973; *Tres poemes*, 1974; *L'espai desert*, 1977; *El vendaval*, 1988; *La llum*, 1991, y *Mascarada*, 1997). Crítico literario y cinematográfico, ha publicado diversos ensayos. Su obra narrativa *Dietari 1979-1980*, y la novela *Fortuny*, han recibido los premios Joan Creixells y Ramon Llull, entre otros. En 1985, ingresó en la Real Academia Española.

GIRONDO, OLIVERIO
Oliverio Girondo nació en Buenos Aires, en el año 1891. Se dedicó a la poesía y al periodismo, ámbitos donde participó en revistas como *Proa*, *Prisma* y *Martín Fierro*, en las cuales también participó Jorge Luis Borges. Entre su obra poética destacan *Veinte poemas para ser leídos en el tranvía* (1922), *Calcomanías* (1925), *Espantapájaros del año 1932*, *Interlunio* (1937), *Persuasión de los días* (1942) y *Nuestro campo* (1946). Murió en el año 1967.

GOETHE, J. W.
Johann Wolfgang Goethe nació en Frankfurt del Main en 1749. En 1771 terminó sus estudios en Estrasburgo, donde conocería al escritor Herder. De esa época datan sus obras más conocidas: *Fausto* y *Los sufrimientos del joven Werther*. Tras un viaje a Italia en 1785, abandona sus cargos y se dedica por completo a la literatura, fuertemente influido por la antigüedad clásica. Murió en Weimar en 1832.

GÓNGORA, LUIS DE
Luis de Góngora nació en Córdoba en 1561 en el seno de una ilustre familia y estudió en la Universidad de Salamanca. Obtuvo un cargo eclesiástico de poca importancia pero que le permi-

tió viajar por España con frecuencia y frecuentar la corte en Madrid. Se establece en esta ciudad y consigue que Felipe III le nombre su capellán. Góngora tuvo en vida defensores apasionados y críticos implacables. El carácter mismo de su poesía haría que esta división de opiniones continuara después de su muerte y llegara aún a nuestros días. Los dos enemigos de más valer que tuvo Góngora fueron Quevedo y Lope de Vega, aunque contó con famosos partidarios como el conde de Villamediana o los humanistas Pedro de Valencia y fray Hortensio de Paravicino. El motivo de esta división radical de posturas reside en el carácter innovador de la poesía de Góngora, cabeza del estilo literario conocido por culteranismo, un término que poseyó en su origen carácter burlesco, formado a partir de la palabra *culto* y que, de hecho, supone la fase final de la evolución de la poesía renacentista española, instaurada por Garcilaso de la Vega. Muere en Córdoba, agobiado por las deudas, en 1627.

GOYTISOLO, JOSÉ AGUSTÍN

José Agustín Goytisolo nació en Barcelona en 1928 y murió en la misma ciudad en 1999. Empezó a estudiar Derecho en la Universidad de Barcelona y terminó la carrera en Madrid, donde conoció a otros poetas de su generación, como José Ángel Valente o José Manuel Caballero Bonald. Como poeta se dio a conocer con *El retorno* (1955), que le convirtió en el poeta más famoso de lo que más tarde se llamaría la generación del cincuenta, integrada, entre otros, por Jaime Gil de Biedma, Carlos Barral o Ángel González. Con *Salmos al viento* (1956) ganó el Premio Boscán y en 1959 el Ausiàs March con *Claridad*.

Guillén, Jorge

Jorge Guillén nació en Valladolid en 1893, y estudió letras en las universidades de Madrid y Granada. En 1920 comienza a publicar sus poemas en diversas revistas literarias, hasta que la guerra civil lo obliga a huir de España por motivos políticos. En 1976 se le otorga el Premio Cervantes, y en 1978 es nombrado académico de honor en la Real Academia Española. Guillén será considerado el máximo representante de la poesía pura dentro de su generación. Fallece en Málaga el 6 de febrero del año 1984.

Hernández, Miguel

Miguel Hernández nació en Orihuela, en 1910. Durante su infancia fue pastor de cabras, ocupación heredada de su padre. Lector voraz, en especial de los clásicos españoles, en 1931 marchó a Madrid con una maleta llena de versos. En 1932 logró publicar su primer libro: *Perito en lunas*. Trabó amistad con García Lorca, Aleixandre, Alberti, Altolaguirre, Pablo Neruda... Al estallar la guerra en 1936 se incorporó al bando republicano. Encarcelado, falleció tuberculoso en 1942. De la generación poética de 1936, tal vez sea el mejor dotado, el más intenso y rico en expresión y, seguramente, el único capaz de llenar el profundo hueco que dejó la muerte de Federico García Lorca. Los grandes temas de los poemas de Miguel Hernández, a partir de 1936, son la patria, el amor y la muerte.

Jiménez, Juan Ramón

Nacido en 1881, Juan Ramón Jiménez constituye el nudo de enlace entre el modernismo español de fin de siglo, en el que se formó, y la generación de la llamada «poesía pura», que comienza con él, su verdadero creador y maestro. Su primera época, que abarca de 1900 a 1916, se caracteriza por el predominio de lo musical, unido a un sentimiento melancólico refinado, en la que destaca su famoso libro *Platero y yo*. La segunda época comienza con la publicación del *Diario de un poeta recién casado*, en el que aparece un nuevo sentimiento del mar, que se identifica con el corazón del poeta. Tras el estallido de la guerra civil se marcha a Estados Unidos y después a Argentina, Cuba y Puerto Rico. En 1956 obtuvo el Premio Nobel de Literatura. Tras su muerte, acaecida en 1958, siguieron publicándose numerosos títulos de su vasta y magistral creación.

KAVAFIS, KONSTANTINOS
Konstantinos Kavafis nació en Alejandría en 1863. Desde muy joven se dedicó a la poesía, aunque sus poemas sólo vieron la luz tras su muerte. El amor homosexual, a veces sólo implícito pero cargado de una fuerte sensualidad y un cálido erotismo, y la evocación de la antigüedad clásica son algunas de las características de su poesía. Murió en 1933, en Alejandría.

KEROUAC, JACK
Jack Kerouac nació en Lowell, Massachusetts, en 1922. Perteneció, junto con Allen Ginsberg, Neal Cassady y William Burroughs, a la llamada «generación beat». Su novela *En la carretera* lo convirtió en uno de los principales referentes literarios de su generación. Su poesía se inspira en el jazz, intentando reproducir su cadencia y espontaneidad. Murió en St. Petersburg, Florida, en 1969.

MACHADO, ANTONIO

Antonio Machado nació en 1875. Viajó por España y Francia, y en París se relacionó con Rubén Darío y la bohemia modernista al ser nombrado vicecónsul de Guatemala en 1900. En su primer libro de poesías, *Soledades*, mezcló el posromanticismo y el modernismo intimista de raíz simbolista. Poco a poco su poesía se fue alejando del modernismo en busca de lo trascendente. En 1927 fue elegido académico de la lengua española. Paralelamente, en el periódico *El Sol* expresó su pensamiento valiéndose de dos personajes: Abel Martín y Juan de Mairena, un filósofo y un poeta que había creado ya en 1926 para su *Cancionero apócrifo*. Al compás de los trágicos avatares de la guerra civil su corazón se desgarraba en los artículos de *La hora de España*, mientras sentía la tristeza de que su hermano Manuel permaneciera en la España nacional. Apareció su *Juan de Mairena* (1937) y tuvo que retirarse ante el avance franquista. En 1939 se retiró con su madre a Colliure, donde murió en ese mismo año.

MALLARMÉ, STÉPHANE

Stéphane Mallarmé nació en París en 1842, y desde muy joven comenzó a escribir poesía y a colaborar en importantes revistas literarias. Su poesía y su prosa se caracterizan por su musicalidad, la experimentación gramatical y un pensamiento refinado y lleno de alusiones que puede resultar oscuro. Sus poemas más conocidos son *La siesta de un fauno* (1876) y *Herodías* (1869). También escribió penetrantes artículos sobre la moda femenina de su tiempo. Mallarmé ha desempeñado un papel fundamental en la evolución de la literatura del siglo XX. Falleció en 1898, en Valvins.

Mistral, Gabriela

Gabriela Mistral nació en Vicuña, Chile, en 1889. Fue una desta-
cada educadora que visitó México, donde cooperó en la reforma
educacional, Estados Unidos y Europa, estudiando las escuelas y
métodos educativos de estos países. Su poesía, llena de calidez
y emoción y marcado misticismo, ha sido traducida al inglés, fran-
cés, italiano, alemán y sueco, e influyó en la obra creativa de mu-
chos escritores latinoamericanos posteriores, como Pablo Neruda
y Octavio Paz. En 1945 se convirtió en el primer escritor latinoa-
mericano en recibir el Premio Nobel de Literatura. Posteriormen-
te, en 1951, se le concedió el Premio Nacional de Literatura. A su
primer libro de poemas, *Desolación* (1922), le siguieron *Ternura*
(1924), *Tala* (1938), *Lagar* (1954) y otros. Murió en 1957.

Neruda, Pablo

Pablo Neruda, seudónimo de Neftalí Ricardo Reyes, nació en Pa-
rral, Linares (Chile), en 1904. De 1920 a 1927 residió en Santia-
go, y en esta época escribió sus primeros libros: *La canción de la
fiesta* (1921), *Crepusculario* (1923) y *Veinte poemas de amor y
una canción desesperada* (1924), títulos que muestran las prime-
ras fases de su evolución, desde sus inicios posrubenianos hasta la
adquisición de un tono más personal y libre de la expresión poéti-
ca. En 1927 empezó su existencia viajera y ocupó varios cargos
consulares en China, Ceilán y Birmania. *Residencia en la tierra*
(1933) le reveló como un poeta de intensa originalidad, vinculado
indirectamente con la corriente surrealista. En 1971 le fue conce-
dido el Premio Nobel de Literatura y fue nombrado por Allen-
de embajador en París. Murió en 1973, poco después del golpe de
Estado de Augusto Pinochet.

Nervo, Amado

Amado Nervo nació en Tepic (Nayarit, México) en 1870, realizó estudios teológicos y después ingresó en el cuerpo diplomático; fue embajador de su país en Madrid (España) y en Montevideo (Uruguay). En 1894 se instaló en Ciudad de México, donde conoció a Manuel Gutiérrez Nájera, y con él fundó la revista *Azul*, que pretendía llevar a cabo una renovación artística. En 1900 viaja en misión diplomática a Europa, donde entra en contacto con Rubén Darío y Leopoldo Lugones, cuya influencia le hizo abrazar por completo el modernismo. Nervo fue una personalidad marcada por la búsqueda obsesiva de Dios y por establecer una relación con la naturaleza de corte místico trascendente. Esta religiosidad le hizo que se fuera apartando del modernismo para encontrar una vía propia teñida de panteísmo y fervor religioso que algunos de sus coetáneos consideraron anacrónico. Murió en 1919.

Orozco, Olga

Olga Orozco nació en Toya, Argentina, en 1920. Sus poemas se caracterizan por la precisión expresiva de las imágenes con que la poeta ilumina las oscuras regiones subconscientes, y por una arquitectura que ella misma ha calificado de «férrea», que da forma y ritmo al curso del alma. Ha ganado numerosos premios, entre los cuales destacan el Gabriela Mistral de poesía entregado por la OEA (1995) y el Premio de Honor de la Academia Argentina de Letras en el mismo año. En 1998 se le concede el Premio Juan Rulfo de Literatura. Murió en Buenos Aires en 1999.

Parra, Nicanor

Nicanor Parra nació en San Fabián de Alico, zona agrícola de Chillán (Chile), en 1914, en el seno de una familia de artistas populares. El padre era improvisador de versos; la madre, tejedora. Alternó sus estudios de matemáticas y física y su ejercicio como catedrático en esas especialidades con el quehacer literario; cofundador de la *Revista Nueva*, ocasional cultor del cuento y del ensayo, es, sobre todo, poeta. Inicialmente evocativo y sentimental en *Cancionero sin nombre* (1937), más tarde adoptó en definitiva la línea que él mismo denomina «antipoesía», revelación irónica e iconoclasta de un mundo problemático, hecha en lenguaje antirretórico, coloquial, a menudo sorprendente. Esta renovación de proyecciones internacionales, comienza en *Poemas y antipoemas* (1954) y se prolonga en una docena de obras más. Obtuvo el Premio Nacional de Literatura (1969) y el Internacional Juan Rulfo en su primera entrega (1991).

Pavese, Cesare

Cesare Pavese nació en la región del Piamonte italiano en 1908. En 1930 se licenció con una tesis sobre Walt Whitman. En 1935 fue desterrado por un período de un año por el régimen de Mussolini. De vuelta en Turín, fundó la editorial Einaudi y se dedicó por completo a su obra literaria, que comenzó con su libro de poemas *Trabajar cansa*. El 18 de agosto de 1950 escribió en su diario: «Nada de palabras. Un ademán. No escribiré más». Ocho días más tarde, Pavese se suicidaba en una habitación de hotel, en Turín.

Paz, Octavio

Octavio Paz nació en 1914 en Ciudad de México. Escritor de vocación temprana, en 1938 colaboró en la fundación de *Taller*, revista que impulsó a una nueva generación de escritores mexicanos. En 1943 se trasladó a Estados Unidos, donde descubrió y se sumergió en la poesía del modernismo angloamericano. En 1945 ingresó en el cuerpo diplomático de México y fue destinado a París, donde participó activamente en el movimiento surrealista. Desde 1968, tras renunciar al cuerpo diplomático con motivo de la matanza de Tlatelolco, Paz se dedica a su obra y funda dos importantes revistas: *Plural* (1971-1976) y *Vuelta* (a partir de 1976), galardonada con el Premio Príncipe de Asturias 1993. Recibió el Premio Cervantes en 1981 y el Nobel en 1990. Falleció en México en 1998.

Pessoa, Fernando

Fernando Pessoa nació en Lisboa en 1888. Tras cursar estudios universitarios en Ciudad del Cabo, regresó a su ciudad natal en 1905. Alberto Caeiro, Ricardo Reis o Álvaro de Campos son nombres de algunos de sus heterónimos, verdaderas personalidades poéticas con estilo propio, creaciones, máscaras de su autor. Pessoa muere en Lisboa en 1935, y no será hasta 1942 cuando se reúna finalmente toda la producción de este genial poeta.

Petrarca, Francesco

Francesco Petrarca nació en Arezzo en 1304. Gracias a su posición en el seno de la Iglesia y su amistad con el cardenal Giovanni Colonia, realiza numerosos viajes por Europa. Sus obras le procuraron una enorme notoriedad y prestigio. Refinado humanista y autor de obras en latín, sienta las bases de una nueva lírica en lengua vulgar. Su *Cancionero*, dedicado a Laura, se convertirá en un canon poético a lo largo de varios siglos. Muere en Arqua, en 1374.

PLATH, SYLVIA

Sylvia Plath nació en Boston en 1932. Tras cursar sus estudios universitarios en el Smith College, obtuvo una beca que le permitió viajar a Inglaterra. Allí conoció al poeta Ted Hugues, con quien se casó en 1956. Antes de poner fin a su vida en 1963, la autora había publicado un libro de poemas titulado *El coloso* (1960) y *La campana de cristal*, una novela autobiográfica fechada en 1963. Dos años después de su muerte, Ted Hugues reunió lo mejor de su producción poética en un volumen titulado *Ariel*.

PO, LI

Li Po nació en la ciudad de Shuiye en el año 701. Durante su juventud vivió como eremita y luego viajó por toda China, estableciéndose finalmente en Changan, capital del imperio Tang. Escribió más de diez mil poemas, de los que se han conservado unos mil. Abordó todos los temas: el amor, la nostalgia, el canto a la vida de los ermitaños, el elogio de los caballeros, la guerra, la naturaleza... Es considerado uno de los representantes más significativos de la poesía china. Murió en el año 762.

QUEVEDO, FRANCISCO DE

Francisco de Quevedo nació en Madrid en 1580 y murió en Ciudad Real en 1645. De familia hidalga, estudió en las universidades de Alcalá y Valladolid. Se dedicó intensamente a la política y pasó varias temporadas en la cárcel. Su obra poética es muy intensa y está influida por Job y Séneca; además, posee un fondo filosófico al tratar los temas del tiempo y de la muerte, así como un tono satírico-burlesco. La temática de sus poemas es casi siempre la misma: el poder del dinero y los maridos engañados. De su poesía amorosa son conocidos una serie de sonetos, en especial los dedicados a Lisis. Su producción en prosa se reparte entre obras satíricas, políticas y ascéticas. El estilo de Quevedo, oscuro y lleno de alusiones, pertenece a la corriente conceptista del siglo XVII español.

RILKE, RAINER MARIA

Rainer Maria Rilke nació en Praga en 1875. Ingresó en una academia militar, pero la abandonó para estudiar letras y filosofía. Tras la Primera Guerra Mundial, en la que participó brevemente, viajó por varios países mediterráneos para instalarse finalmente en Suiza, donde publicaría una de sus principales obras, los *Sonetos a Orfeo*. Utilizando la lengua alemana como medio de expresión, sus obras subyugaron a sus contemporáneos, especialmente en Francia. Murió en 1926.

RIMBAUD, ARTHUR

Arthur Rimbaud nació en 1854 en Charleville, en una familia de clase media rural; reunió una obra poética de originalidad y fuerza insólitas entre 1869 y 1873 –entre los 15 y los 19 años– y no volvió a escribir desde entonces, salvo cartas de finalidad práctica. Los años de escritura coincidieron con un vértigo vital: huidas de la casa familiar, caminatas de centenares de kilómetros, vida bohemia en París, Bruselas y Londres, turbia relación amorosa con Paul Verlaine. Luego, la emigración a las costas del mar Rojo y al interior del continente negro. Vuelve a Europa en 1891, sólo para morir en un hospital de Marsella a los 37 años. De lo que escribió, fueron publicadas en vida sus *Iluminaciones* y *Una temporada en el infierno*.

SAFO

La poetisa más antigua de la historia europea nació en Lesbos en torno al 650 a.C. y murió, se calcula, en el 580 a.C. Su poesía, destinada a ser cantada con el acompañamiento de la lira o algún otro instrumento de cuerda, surge en buena medida como correlato a la «Casa de las servidoras de las Musas», asociación femenina dedicada al culto a Afrodita que la poetisa dirigía.

SALINAS, PEDRO

Pedro Salinas nació en Madrid en 1881 y murió en Boston en 1951. Cursó las carreras de Derecho y Filosofía y Letras. En 1917 se doctoró en Letras, y al año siguiente obtuvo la cátedra de Lengua y Literatura españolas en la Universidad de Sevilla. Desde 1929 hasta la guerra civil se escalonan los cuatro libros esenciales de su producción poética: *Seguro azar* (1929), *Fábula y signo* (1931), *La voz a ti debida* (1933) y *Razón de amor* (1936). En 1936 se trasladó a Estados Unidos, donde fue profesor de literatura en las universidades de Wellesley y Baltimore. Es también autor de varias obras de teatro, del volumen de cuentos *El desnudo impecable* (1951) y de los estudios literarios *Jorge Manrique o tradición y originalidad* (1947), *La poesía de Rubén Darío* (1947) y *El defensor* (1948).

Shakespeare, William

William Shakespeare (1564-1616), poeta y autor teatral inglés, es considerado generalmente como uno de los mejores dramaturgos de la literatura universal. Se supone que llegó a Londres hacia 1588 y, cuatro años más tarde, ya había logrado un notable éxito como dramaturgo y actor teatral. Sus obras fueron representadas en la corte de la reina Isabel I y del rey Jacobo I con mayor frecuencia que las de sus contemporáneos, y a partir del año 1608, la producción dramática de Shakespeare decreció considerablemente, pues al parecer se estableció en su ciudad natal, Stratford-upon-Avon, donde compró una casa llamada New Place. Murió el 23 de abril de 1616 y fue enterrado en la iglesia de Stratford-upon-Avon.

Stevenson, Robert Louis

Único hijo de un próspero ingeniero civil, Robert Louis Stevenson nació en Edimburgo en 1850. Estudió Derecho en la Universidad de Edimburgo pero nunca llegó a ejercer. En 1873 contrae la tuberculosis, enfermedad que le acompañará el resto de su vida. Escribió *La isla del tesoro* en 1881. Murió en 1894 de una hemorragia cerebral.

Storni, Alfonsina

Alfonsina Storni nació en 1902 en Suiza, aunque vivió toda su vida en Argentina. Comenzó su carrera literaria en 1916 con la publicación de *La inquietud del rosal*, profundamente influenciado por el modernismo. Sus viajes a Europa, en 1930 y 1934, ampliaron el espectro de su literatura para acercarla a una posición más intimista, cercana al romanticismo y profundamente femenina. A esa época pertenecen *Mundo de siete pozos* y *Mascarilla y trébol*. Alfonsina Storni se suicidó en Mar del Plata en 1938.

Tassis, Juan de, conde de Villamediana

Juan de Tassis nació en Lisboa en 1582, de donde se trasladó a España. Su temperamento ardiente se manifestó en todo lo que acometía: la esgrima, el juego, la intriga, el gusto por las joyas, sin dejar la pasión por la poesía. Como casi todos los grandes poetas de su tiempo, su poesía muestra dos tendencias o técnicas: el cultismo y el tradicionalismo, o sea, poesía de arte mayor y poesía de arte menor. En éstas deja verse más el gracejo y su gran expresión natural. Murió en 1622, supuestamente asesinado dadas sus legendarias aventuras amorosas, y muy en particular las que se supone tuvo con la reina.

Valente, José Ángel

José Ángel Valente (Orense, 1929-Ginebra, 2000) ha sido considerado el poeta español más importante de la segunda mitad del siglo XX. Aunque cronológicamente se le suele situar en el llamado grupo poético de los años cincuenta o generación del medio siglo, su progresivo distanciamiento de los patrones realistas imperantes, así como el carácter rigurosamente personal de su aventura poética, hacen que su obra sea ajena a cualquier esquema de grupo o generación. Ha sido galardonado con el Premio de la Crítica (1960 y 1980), el Príncipe de Asturias de las Letras (1988) y el Nacional de Literatura (1993), entre otros. Su vasta obra, plagada de títulos ya imprescindibles para la vida artística y literaria de las últimas décadas, presenta unidas dos vertientes de su personalidad creadora: la poesía y la reflexión sobre el fenómeno poético.

VALLEJO, CÉSAR
César Vallejo (Santiago de Chuco, Perú, 1892-París, 1938) es uno de los más grandes poetas hispanoamericanos del siglo xx. Toda su vida estuvo marcada por su condición de pobre, mestizo y militante de izquierda. Estudió Literatura Española y fue maestro. Poeta rupturista e innovador, su obra revolucionó los cánones de la sintaxis, el léxico y la gramática. En 1919 apareció su primer libro, *Los heraldos negros*, al que siguió *Trilce*, obra abiertamente vanguardista publicada en España en 1922. En 1923 se trasladó a París, donde conoció a escritores y pintores surrealistas de la talla de André Breton, Juan Gris y Vicente Huidobro. En 1929, a raíz de una revuelta popular en Lima, fue encarcelado durante tres meses, episodio que dejó huella profunda en su sensibilidad vulnerable y frágil. Formó parte de las Brigadas Internacionales que defendieron a la República española y escribió uno de los libros más hondos y doloridos sobre la guerra civil: *España, aparta de mí este cáliz*. Exiliado, sumido en la pobreza y el abatimiento, murió en París tal como había anunciado en su poemario más desgarrador, *Poemas humanos*, publicado póstumamente.

VEGA, LOPE DE
Lope de Vega nació en 1562 y murió en 1635. Estudió en los jesuitas e ingresó luego en la Universidad de Alcalá, sin llegar a graduarse. Participó en la Armada Invencible y vivió en Toledo y Valencia hasta que, en 1959, muerta ya su esposa, regresó a

Madrid. Por entonces era ya un autor reconocido y contaba con una extensa producción que incluía comedias y obras líricas y épicas. En 1605 entró al servicio del duque de Sessa y en 1614, habiendo muerto su hijo de corta edad y su esposa, se ordenó sacerdote. En ningún escritor, como en Lope, quedará su vida personal tan claramente reflejada en su obra, de enorme extensión y variedad.

VILLENA, LUIS ANTONIO DE

Luis Antonio de Villena nació en Madrid en 1951, y publicó su primer libro de poemas a los 19 años, *Sublime solarium*. En 1981 recibió el Premio de la Crítica por su poemario *Huir del invierno*. A pesar de considerarse principalmente poeta, su producción literaria incluye también numerosos ensayos y novelas. Ha sido nombrado Duke of Malmundo por Javier Marías, monarca del Reino de Redonda.

VILLON, FRANÇOIS

François Villon (1431-?) es considerado el primer gran poeta lírico en lengua francesa. Perdió a sus padres a temprana edad y fue prohijado por el capellán de Saint-Benoist le Betourné, cuyo apellido adoptó. Su vida, azarosa y abundante en hechos que lo condujeron a manos de la justicia en repetidas ocasiones, sigue siendo fuente de suposiciones debido a los escasos datos fiables que presenta. En 1455 se le relacionó con el crimen de un sacerdote y se vio obligado a abandonar París durante un año. Pero, superado el plazo y ya de nuevo en París, fue acusado de haber tomado parte en un robo en el Colegio de Navarra y se dio otra vez a la fuga. Entre 1457 y 1461 nada se supo de él, y en 1461 fue encarcelado por orden del obispo de Orléans. A punto de ser mandado a la horca, el rey Luis XI, recién coronado, le otorgó la libertad. Sin embargo, un año más tarde, es nuevamente condenado a la horca. En 1463, el Parlamento, al que apeló el poeta, conmuta la sentencia de muerte por la de diez años de destierro. Y a partir de esa fecha, no se sabe nada más de su vida ni cómo murió.

Whitman, Walt

Walt Whitman (1819-1892) –máximo cantor del Yo, del cuerpo humano, del sexo, de la fraternidad universal, de la igualdad democrática; profanador insigne de todas las convenciones de forma y de lenguaje; ignorado, combatido y exaltado por sus contemporáneos– es considerado hoy el poeta máximo de Norteamérica, cuya obra, profundamente renovadora, se ha convertido en fuente de inspiración permanente para las nuevas generaciones. *Hojas de hierba*, su libro más famoso, recoge la casi totalidad de su producción poética.

Índice general

El idilio

La pasión

La nostalgia

La pérdida